会社を辞めずに大富豪になる

プレミアムマンション投資

ぱる出版

はじめに

みなさんは、初めて自分の名刺を持ったときのことを覚えていますか？

どこかの企業や団体に属したり、または自分で何かの仕事を始めたり。社会のなかでのアイデンティティを認められた感じがして、新鮮で誇らしい気持ちになったかもしれませんね。

いま本書を手に取っていただいた方は、初めて名刺を手にして以来、社会や企業でどんな時間を刻み、プロセスを経て、実力を蓄えてきたでしょうか？　本書は、そんなあなたの「名刺に宿る力」を最大限に活かして、将来を明るく照らしていく人生の指南書です。

つまり、名刺を活用して銀行から融資を獲得し、健全な不動産投資でお金を貯める本。もっと言えば、名刺を不労所得に変えて、人生にとってかけがえのない時間とお金を得ていく方法を記した一冊なのです。

「ん？　不動産コーナーなのに帯に変なキャッチコピーだな？」
「自分の名刺を銀行に預けて何か良いコトあるの？」
「名刺って合コンで配るためにあるんじゃないの？（笑）」

そんなふうに思った方は、是非、本書を読み進めてみてください。

おそらくあなたは、大富豪になること、投資のノウハウ、不動産投資や資産形成に興味を持ちつつ、本書を手に取っていただいたかと想像しますが、難しい専門的なノウハウなど必要なく、「名刺活用術」という至極シンプルな投資術を知ることで、意外にも、その目的は達成できるのです。


名刺をお持ちということは、会社員、公務員、団体職員、専門職や士業などの立場で、1日約8時間、少なくとも週40時間程度は、その名刺の顔で組織を通じて社会に貢献している状態だと思います。

一方で、自分自身の資産形成や、名刺の顔以外の時間では、如何でしょうか?人生における経済的余裕や時間的余裕がもう少し欲しいな…という気持ちをお持ちなのではないでしょうか?

私、若月りくも、十数年前は同じ悩みを持ち、悶々としながら会社勤めを続ける日々を過ごしていました。そんなとき、縁あって始めてみた不動産投資が、開始当初の想定よりも遥かに期待を上回る、経済的余裕や時間的余裕を生み出してくれることを体験しました。

私自身は、一部上場企業のサラリーマンですので、中の上ぐらいの属性だと思います。そんな私でも手軽に、現状のライフスタイルを崩すことなく、切望していた2つの余裕を獲得できる方法があることを知ったのです。

そして、組織人ならシンプルに共感できる再現性の高さと安定性があり、中長期的に持続可能な、この不動産投資のノウハウ、考え方をみなさんにも共有してもらいたいと考え、本書を執筆するに至りました。

私は、大学時代は株式投資を行い学費の支払いに使ったり、社会人になった当初はＦＸの取引を頻繁に行い、給料を超過するような収入を得たこともあり、本業にできるかも？と考えたことがあります。けれども当たり前ですが、良いときもあれば悪いときもあり、相場の乱高下時には学業や仕事に集中できないといった現実を知ることになりました。経済的余裕が発生することもあれば、その逆も然りで、むしろ精神的余裕を欠くような時期があったことも、また一つの事実でした。

そうしたいくつかの投資経験を経てたどりついた一つの結論が、今回本書で紹介する、名刺を活用した投資術「都心部プレミアム新築ワンルーム投資（※）」です。

不動産投資をしたことのない方や検討初期の方はイメージをつかみづらいと思います。逆に、不動産投資経験者の方は、この方法を聞いて、「えっ、それって一番、儲からないやつでは⁉」、「広告宣伝や営業費があるから買った瞬間、中古に価値が下がるんでしょ？」…云々の印象を持たれるかもしれませんね。

けれども、実際にはまったく違います。この「都心部プレミアム新築ワンルーム投資」こそ、私自身が身をもって経験してきたなかで、投資資金のない初心者にとって、もっとも投資効率が良く、リスクの少ない投資法であり、大富豪を目指すみなさんの第一歩として最初に取り組むべき登竜門だと思っています。使うお金を減らすことなく、それでいてお金が自然に貯まっていくという、魔法のような投資術なのです。

たとえば、爆速で経済的自由を獲得したい方や、調査努力も惜しまず、トラブルでも何でも時間をフルに使って対応します！という方は、その方向性での指南書をおすすめします。

私は過去に、マンション一棟モノの投資も検討し、複数回購入を実行したことがありましたが、あえなく損切に終わりました。結果として相当な労力を要し、経済的にも時間的にも損失を被っただけで終了（もちろん、手痛い形での授業料という学びの要素はありましたが…（笑））。まったく褒められたものではなく、決して初心者に対して諸手でおすすめできる投資方法ではないという認識を持つに至っています。

そうした反省を踏まえつつ、あくまでも本書は、〝現状のライフスタイルを崩さず、経済的余裕と時間的余裕を獲得したい！〟という方のために上梓した一冊です。初心者の方でも入りやすく、中級者の方にも読み応えがあり、上級者には実践的なノウハウを提供できる内容になるように配慮したつもりです。

また、〝現状のライフスタイルを崩さずに〟という前提条件に立ちながら、組織人として名刺の顔で仕事をし続けるときに抱きがちな悩みにもアプローチできるようにも配慮しました。さらに不動産投資を通じて今の仕事を深掘りし、働き方の質的な改革や転職、キャリアアップにつながる要素も盛り込んだつもりです。

誰にでも、将来や未来を変える力があります。そのカギは、実はあなた自身が辿ってきた、これまでの人生のなかにあることをぜひ知ってください。それを示すのが、名刺です。

あなたが宿す「名刺の力」を信じて、未来を変える行動を起こしてみませんか？

さあ、いつものアタッシュケースに名刺入れを突っ込んで、「銀行に名刺を預けに」行こうではありませんか！

※簡便かつ語呂のために都心部プレミアムと表記しましたが、東京都心部のみに限定せず、都市機能、または文化・自然の中心的な好立地を意図し、近隣地区に比し相対優位性のある地区を意図します。また、新築も、完全な新築のみに限定せず、事業性を担保できるような融資を引き出せる程度の管理が行き届いた築浅物件であれば推奨します。

目次

第2章 放っておくだけでお金を生み出す不動産投資術がある！

第3章 「レバレッジ名刺術」なら無理せずに2000万円が貯まる

第4章 さあ、あなたも始めよう！ 私が7年で12室のマンションを買えたワケ

第5章 失敗しない不動産投資！ 若月流「7つのルール」とは？

第6章 「おいしい物件」を一番先に持ってきてもらうための秘訣

第7章 サラリーマンにとって、所得税と住民税の両方が取り戻せる！

第8章 若月りくからのメッセージ「名刺の価値を知れば人生が豊かになる」

出版プロデュース：㈱天才工場　吉田浩
編集協力：潮凪洋介・栗栖直樹

序章

なぜ名刺は銀行に預けなくてはならないのか？

「先取り貯蓄」の限界

最近、資産形成や金融投資界隈で「先取り貯蓄」という手法が紹介され、目に触れることが多くなっている印象があります。

毎月、何となく稼いだお金が足りなくなったら、節約しながら給料日を待つパターン、逆に余裕があったら浪費したりしてしまうパターンに比べると、極めて計画的で素晴らしい習慣作りにはなると思っています。

また、サブタイトルでも触れた本書のテーマでもある「銀行」の視点から見ると、先取り貯蓄は信用に値する行動特性であることに間違いはないと思います。

一方で、一定の規模感のある資産形成のためには、先取り貯金だけでは限界があるのも事実です。たとえば、「老後2000万円問題（※）」で話題となった、2000万円という老後資金を貯めるためには、感覚的には心許ない印象は拭えません。

2000万円というゴールを具体的かつ定量的な行動に落とし込むと、20歳前後で就職して60歳まで約40年間働く前提で、毎年50万円＝毎月4～5万円を1カ月たりともサボることなく貯め続けることができて、初めて達成できるレベル感です。

日本人の平均年収は425万円前後と言われており、所得税、住民税、健康保険料、年金積立金等を差し引いたら手取りは350万円前後に落ち着くでしょうか…。そこから50万円を貯蓄するとなると、相当、実行の難易度は高い印象になりますね…。

無論、単身者と妻帯者・その家族構成、都市部と地方、持ち家と賃貸等の条件も異なるので、平均値で議論することはナンセンスですし、報告書で2000万円を必要とする前提条件と、それぞれの個人が置かれている立場やライフスタイルの違いを整理しなければ、実際に必要とされる金額を把握できないのは事実です。ただ、一定の規模感のある資産形成を、先取り貯蓄だけで実行するのは、感覚的にも困難であることはご理解いただけたのではないでしょうか？

そこで、本書を手に取ってくださったみなさんに、ふだん何気なく取り扱っている「名刺」を使って、自身の給与所得だけでは到底たどりつくことができない規模感の資産形成をするためのノウハウ、考え方、姿勢を共有させていただきたいと思います。

※金融庁が公開した金融審議会　市場ワーキング・グループ報告書「高齢社会における資産形成・管理」の一部の解釈が様々な議論を巻き起こし社会問題として取り上げられたもの。
https://www.fsa.go.jp/singi/singi_kinyu/tosin/20190603/01.pdf

名刺ピラミッドで一番強い名刺は何か？

セミナーや異業種交流会、ビジネス合コンなど、私たちは様々なシーンで名刺交換をすることがあります。

そのとき、私は勝手に「お金を生み出す名刺ピラミッド」を自分のなかに作って、相手の顔と名前を覚えるようにしています。

「名刺ピラミッド」で、残念ながら一番弱いのはフリーランス。「Ｗｅｂデザイナーをやっています」とか「タウン誌で文章を書いています」など、仕事のレベルが高くても、人気があっても、収益力があっても、この名刺は銀行から「お金を借りる」という視点から言うと、ほとんど影響力を持ちません。

町工場をやっている社長や飲食店を経営しているオーナーも、よほど業績・実績を残している事業者でなければ、銀行はなかなかお金を貸してくれません。一見華やかに見える芸能人やスポーツ選手のような職業でも、彼らの信用価値でお金を借りることはなかなか難しいのです。

誤解してほしくないのは、こうした職業や立場の人の仕事そのものの価値のことを言っているのではないということです。フリーランスや町工場・飲食店の経営者、芸能人、スポーツ選手は、自分自身の実力で付加価値を創り、お金を生み出すことにかけて、卓越した技能を有しているのはまぎれもない事実です。

しかし、不動産投資をするための「銀行融資」の視点からすると、シビアな見られ方をしてしまうということなのです。

では、「名刺ピラミッド」のなかで強い名刺とは何でしょうか？　それは、公務員や上場企業の社員の名刺です。

なぜ、その名刺に価値があるかというと、銀行は安定性、健全性、実績、数字を重視するからです。つまり、「予見可能性の確かさ」を追求するのです。

上場企業の場合、過去の業績や、平均年収、平均勤続年数、社員一人一人の推定年収、これらがすべて開示されているので、銀行は名刺の価値に見合ったお金を貸すことができるわけです。

このほか、「名刺ピラミッド」で最上位に位置するのは、医師のような専門職、弁護士や会計士のような士業家です。

本書では、そうしたあなたの「名刺の力」を最大限に活用し、金融機関から不動産投資の資金を借り入れ、あなたの資産を倍々に増やす方法を紹介していきます。レバレッジ（テコ）の原理で資産を増大させる、「レバレッジ名刺術」がそのノウハウなのです。

「名刺」とは言い換えれば〝信用〟のことで、経済社会における、あなたの「実質的な価値の証明」です。

しかも、名刺は多くの場合、個人の信用ではなく、会社という組織の信用を表します。

そして、その価値をもっとも高く評価するのは、銀行、信用組合などの金融機関です。

銀行は、組織の業績を背景にして、あなたのキャリアやこれからの将来性を精査して大金を貸してくれます。

「信頼に足る組織の名刺」を持っている方には、最低でも年収の7倍、最高だと20倍ものお金を銀行が貸してくれます。たとえば、平均的な年収500万円の人ならば1億円程度のお金を貸してくれますし、年収1500万円を稼いでいる人であれば、銀行は3億円もの融資を受けられることがあります。

「名刺」は、こんなにもすごい秘められた力を持っているにもかかわらず、多くの人が名刺の価値も使い方も知らないのが実態です。

私から言わせれば、まさに「宝の持ち腐れ」としか言いようがありません。

あなたの価値を最も高く評価してくれる銀行に、あなたの名刺を渡し、銀行からお金を借りて、そのお金をテコに資産を増やせる方法を、ぜひ本書から学んでください。

「都心部プレミアム・ワンルーム（トップワン）」なら確実に貯められる

名刺、名刺と書きながら、ご挨拶が遅くなりましたが、みなさん、改めまして、本書著者の若月りくです。

私は現在、ある東証一部上場企業で会社員をしながら、不動産投資をはじめとした投資事業を「会社外」の時間で行っています。

２００９年に会社の先輩からの紹介で不動産投資を始めました。「おまえもやったら？」という軽い言葉がきっかけでした。

最初に着手したのは、「新築マンションのワンルーム投資」でしたが、開始当初、自分なりに研究してみて設定したゴールイメージは、借入金の上限は1億円（いくつかの金融機関や保険会社が自律的に設定する上限）と想定し、２０００万円の物件を隔年で5つまで所有することを目標としました。

サラリーマンである私が、将来計画とは言え、1億円の借入をするのは、かなりチャレンジングな目標で、その達成には漠然とした不安もつきまといましたが、途中から次第に、「金融機関は、私に、いくらまで貸してくれるのだろう？」と、〝前向きな借金〟を楽しめるようになりました。

結果から申し上げると、新築ワンルームを12室（別途、住宅を保有）まで購入することができ、融資額は3億５０００万円（自宅の住宅ローンを含む）を越えました。

そして私は、会社の給与の他に、毎年毎年、何もしなくても年間１０００万円超の副収入を得ることができたのです。

当初は、東京都の山手線圏内よりも、少し郊外をターゲットとし、山手線圏内への通勤時間30分～60分の物件を購入しましたが、いつも満室で安定した収入を得ることができました。

次に狙ったのが、「住宅供給が少ない山手線圏内の超都心ビジネス街のワンルームマンション」です。「住宅供給が少ない」というのは、たとえば、千代田区や港区、中央区などのオフィス街のことです。昼は就労人口が多いのですが、深夜になると街からひと気がなくなります。こうしたオフィス街には元々マンション数が非常に少なく、逆に考えると、需要が非常に高いと私は考えたのです。

この目算は大当たりでした。複数路線、駅近、25平方メートル前後の物件に絞って購入し、入居者を募集したところ瞬く間に入居が決定、常に100％満室となっています。

あまりにも一瞬で入居者が決まるので、賃貸契約や、クリーニングなどのオペレーションが間に合わないことがあるほどです。

このように、1棟アパートやマンションを購入するのではなく、リスクを〝分散〟することを優先し、〝地点選定〟のみに注力できる「新築ワンルームマンション」を運用することで、会社員でも〝時間効率化〟の実現ができるのです。

たとえ居住者が退去しても、入居者の好む〝好立地〟を選択してさえいれば、即座に新しい入居者が決まります。

この方法を私は「都心部プレミアム・ワンルーム投資法」と名づけ、これまで極めて懇意にしている友人にのみ、やり方をアドバイスしてきました。

本書では、この方法をあますところなくお伝えしたいと思います。

「都心部プレミアム・ワンルーム（トップワン）投資法」には、次の4つの大きな利点があります。

1.銀行は新築物件にはお金を貸してくれる。

不動産のデベロッパーがいくつかの金融機関と提携しているので、みなさんの名刺の属性で信用補完をすることで、ほぼ満額で融資が可能になります。都心部好立地の新築物件は年数が経過しても、購入時の価格より大幅に下がることがありません。一方で中古の場合は、見えないところで老朽化が進むことがあり、価値を正確に算定することが難しいのです。経年劣化のない新築物件を購入することで、借入を効果的に活用し投資採算を改善することができます。

2.都心部のマンションは常に賃貸需要がある。

郊外と違って、都心部には人口が集中します。そこには仕事、学び、娯楽、文化が根付いているからです。今後、40年間で日本の人口は2000万人減ると言われていますが、それでも都心部の人口比率は「ほとんど変わらない」というシミュレーションデータが幾つも出ています。その様な見通しに基づいて、新築で都心部のマンションには、銀行は将来も安心してお金を貸してくれるのです。

3.入居率が高く管理が行き届いている。

都心の新築マンションは、きちんとした管理会社が管理しているので価値が下がりにくい傾向があります。また、管理会社が常駐または巡回で管理人を派遣するので、共有スペースも清潔に管理されています。当然、ゴミの集積場がきれいに掃除されていたり、定期的にチラシなどを掃除したりしており、いろいろと行き届いています。郊外の老朽化したマンションでは、小さな汚れがどんどん大きくなっていく例もありますが、「都心部の新築マンション」ならその心配がありません。

4．居住者の生活レベルが高い。

新築で都心部のワンルームマンションは、住む人の身元も比較的確かで、支払い能力も高い方が入居します。大手企業が会社で借り上げるケースもあるので、その場合は未払いのリスクもありません。

このように、「都心部プレミアム・ワンルーム投資法」は、銀行の「読者のみなさんのような高属性の方に」、かつ「安心、確実な物件に」貸したいという欲求を上手につかまえた、従来の中古マンションの1棟買いや、アパート経営とは一線を画した投資法です。

そして都心と言っても、プレミアム・ワンルーム投資は東京だけに当てはまるものではありません。全国の主要都市部のどこでも活用できる、汎用性の高い投資法であることもつけ加えておきたいと思います。

テコの原理で貯まる「レバレッジ名刺術」とは？

本書で言うところの「レバレッジ名刺術」とは、名刺の信用力を使って、自分のお金ではなく「金融機関のお金」によって自分の資産を大きくしていく投資術のことです。

具体的な実例をご紹介しましょう。

ある上場企業に勤めているAさん（31歳）は、先輩からのアドバイスによって、銀行からお金を借りて、不動産投資をはじめました。

まずは、銀行から2000万円を借りて、ワンルームマンションを一つ購入しました。

このときはタイミングも良く、頭金も支払わなくてよいことになりました。

2000万円のマンションの年間家賃収入が100万円、1カ月にならすと毎月8万円入ってきます。

ここから、ローンの返済、管理費・修繕費などを引かれて、毎月1万円が手元に残ります。

「たった1万円しか儲からないの？」と、思う人もいると思いますが、まずは話を聞いてください。

2年後、Aさんはまた別の2000万円のマンションを購入することができました。

実は2軒目を買うときも、頭金を入れていません。2軒目も銀行が全額、融資してくれました。

しかも、1軒目のマンションを抵当に入れることもありませんでした。会社の名刺を出すだけで、銀行はその場で「融資します」と言ってくれたのです。

Aさんは、この方法で2年に一度マンションを購入する計画だったものの、たった7年でマンションを12室も購入することができたのです（別途、住宅を保有することも出来ています）。毎年、約2室なので計画比4倍です。それも、都内で複数路線、駅から徒歩10分圏内のマンションばかりです。その結果、現在Aさんは家賃収入だけで年間1500万円の不労所得を得ています。もちろん、このなかからローン返済があり、手元に残る現金は僅かなものに留まりますが、Aさんの買ったマンションは売るときには、購入時とほとんど同じ値段で売ってきました。

ですから、「たった1万円しか儲からない」のではなく、保有する資産のことを考えれば、ローンの元本返済分は実質的に「貯金をしている」のと同じことになるわけです。

さて、このAさんは実在します。答えを明かすと、私、若月りくのことです。

最初、モノは試しでワンルームマンションを購入したのですが、マンション投資を知れば知るほど、「これは未来の貯金になる」と確信することができました。

そして一番驚いたのが、「名刺の信用力の強大さ」です。一流企業、有名企業、大手企業に勤める会社員は、ほとんどが私とまったく同じ資産形成で100%成功することができると思います。

さらに、名刺の信用価値でいうと、公務員にも銀行が大きなお金を貸してくれます。個人の信用ではなく、団体や組織の信用に価値があるのです。

また、専門性を持った方で信用価値のある名刺を持つ方がたくさんいます。その代表例が、医師です。私が知っている限り、医師に対して、銀行は上場会社のサラリーマン以上にお金を貸してくれる傾向があります。

それは、医師は倒産リスクや回収不能になるリスクが極端に低いからです。

もちろん、弁護士、税理士、会計士などの士業家の方にも、銀行は喜んでお金を貸してくれます。

名刺の力で融資を活用せず、自分だけでマンション投資を始めるには、最低でも2000万円から3000万円くらいの自己資金が必要です。

冒頭、老後2000万円問題で触れたように、すべて自己資金で賄おうとすると、それこそ10年も20年も働き続けなければなりませんが、名刺の信用価値でレバレッジ（テコの原理）を使うことによって、どんどんお金を借りて、どんどんマンションの数を増やしていくことができるのです。

また、マンションを5つも6つも所有すると、そのマンションの資産価値や返済実績も評価されることになります。次のマンションを購入するときに、所有しているマンションのおかげでさらに有利な借入と運用ができるのです。

このように、「レバレッジ名刺術」の最大のメリットは、高額な融資が受けられるという点です。

新しくビジネスを立ち上げるとき、一番苦労するのが資金調達でしょう。

ところが、あなた自身の名刺の信用価値によって、驚くほど銀行がポンと大金を貸してくれます。

そしてマンションを購入すると決めた瞬間、あなたは不動産投資家であり、物件のオーナーとなって、あとは勝手に資産が形成されていくだけなのです。

こんなに簡単で確実で、しかも安全な投資法をやらない人がいるなんて信じられません。

最初は私もその一人でしたが、今となっては単に名刺の価値を知らなかっただけだと思えます。

名刺をビジネスでの自己紹介だけに使っている人は、人生という時間をすり減らしながら、一生働く側に居続けるほかない……そう言っても過言ではありません。

一方で「レバレッジ名刺術」を活用し、「都心部プレミアム・ワンルーム（トップワン）投資法」を実践した方は、まるでテコの原理を使うように収入を増やしていくことができます。

名刺が融資につながる価値法則を使って、人生に時間的・金銭的なレバレッジを効かせるアプローチが可能になる――。そのことを、本書でぜひ知ってください。

サラリーマンというのは、ふだん仕事をしていく上で、会社や組織に拘束される時間的制約が非常に大きな職業です。なかには資格を活かして自由に仕事をしている人もいますが、多くの場合は時間と場所に縛られながら、決まったルーティンのなかで仕事をしています。

ですから、自分の時間を使ってお金を儲ける副業のパターンや収益の挙げ方は、実践するハードルがおのずと高いのです。

そうした環境下にあっても、誰でもできる「副業」が、都心部プレミアム・ワンルーム（トップワン）投資です。

名刺の信用力を最大限に活用し、自分の時間を使うことなく資産がどんどん大きくなる投資術について、これから詳しく説明していきましょう。

第1章

「名刺の価値」を知らない会社員・公務員・士業家が9割!?

融資を受けて、いち早く不動産投資をした人が勝つ

突然ですが、あなたは自分の10年後、20年後、30年後をイメージしたことがありますか？

言うまでもなく、人生には限りがあります。男性で80年弱、女性は90年弱という平均寿命をどのように過ごせるかは、実は今のあなたが何を考え、何を行うかに大きく左右されるのです。

もしも今のあなたが毎日時間に縛られ、「好きなことができない」「将来のことなんて考える余裕はない」「何かやりたくても時間も場所も経験もない」…と思っているなら、ぜひ本書を読んでみてください。

また、「会社に依存しているだけでは将来が不安」「だからこそ、自分の10年後、20年後、30年後は自分の力で明るくしたい」…。そんなふうに考えているなら、ぜひ自身の名刺に今一度、目を向けてみてください。

私自身、不動産投資は30歳になってから始めましたが、いま後悔しているとすれば、20代のうちから始めておけばよかった…ということに尽きます。

不動産投資をスタートした30年後に、60歳なのか、70歳や80歳なのか。この差は、実は小さくありません。限りある人生の時間を考えても、少しでも早い段階から不動産投資を始めることは、自由な時間やお金を人生の早い時機で得ることにつながるのです。

このことは、あなたの人生にとって、とても大きな意味を持つものになり得ます。

中国の史記に、「先んずれば人を制す」、また孫子の兵法には「巧遅拙速（速戦即決）」という言葉があります。さらにビジネスでは「先行者利益」のセオリーがよく語られます。

何事も人より先に行えば有利な立場に立てるということであり、市場にいち早く参入することで、得られる利益は大きくなるという意味。つまり、いち早くコトを始めたほうが有利であるという事実を示しているわけです。

不動産投資についても、同じことが言えるのです。人生で早期に着手することで、得られるメリットは明らかに増大していきます。逆に、手をこまぬいて悶々としているなら、あなたはすでに取り返しのつかない機会損失を被り続けていると言えるかもしれません。

また、不動産投資以前に、好むと好まざるに限らず、みなさんも私も資本主義の世界のなかで生きており、トマ・ピケティの著書「21世紀の資本」で紹介された公式r＞g（アール大なりジー）からは逃れられません（※）。

唐突に不等式が出てきましたが、少し補足説明をすると、r：資本収益率、g：経済成長率の意味で、端的に言うと、資本家による投資の利回りは、基本的には経済成長率を上回っているという事実を示したものです。

私たちのようなサラリーマン、公務員、士業等は、経済学的には労働者であり、経済成長率の一部となる訳ですが、昨今叫ばれる格差社会というのは、資本主義では避けられない現象ということになります。勤労な労働者としての証でもある名刺の力で、少しだけ資本家の立場に一歩踏み出してみま

期間（年）	0	1	2	3	4	5	6	7	8	9	10
単利	100	107	114	121	128	135	142	149	156	163	170
複利	100	107	114	123	131	140	150	161	172	184	197

しょう！

※「21世紀の資本」では、歴史上この不等式が崩れた時期についても言及されています。それが世界大戦中20世紀前半の限られた時間帯であり、戦争というイベントにより、資本家の資産が破壊され、その価値が大幅に棄損しました。その結果、復興のための労働力が必要とされ、経済成長率が資本収益率を上回りｒ＜ｇという特殊な状態になったという説明がなされています。

話を不動産投資に戻すと、不動産投資は早く始めるほど、時間を味方にできるので、当然ながら返済が早く終わることにつながり、キャッシュフローを最大化できる期間が増えていきます。初期投資額を早く回収できることで、他の物件を購入したり、次の投資をいち早くスタート（再投資）したりできるようにもなるわけです。

また、再投資による複利効果を考えてもよく分かるでしょう。

仮に年率７％で考えると、単利で考えた場合だと、10年保有すれば単純計算で１００が１７０になります。それを複利で投資していくなら、10年でざっと2倍になるわけです。

10年経つと、１００が１７０ではなく、２００になる。これをグラフの曲線に表すと、単純な右肩上がりの比例曲線ではなく、途中から急カーブの右肩上がりに変化します。つまり、早く始めれば始めるほど、複利投資を活用すれば活用するほど、カーブの到達点は限りなく高くなっていくというわけです。

早期開始で後年の差は歴然！

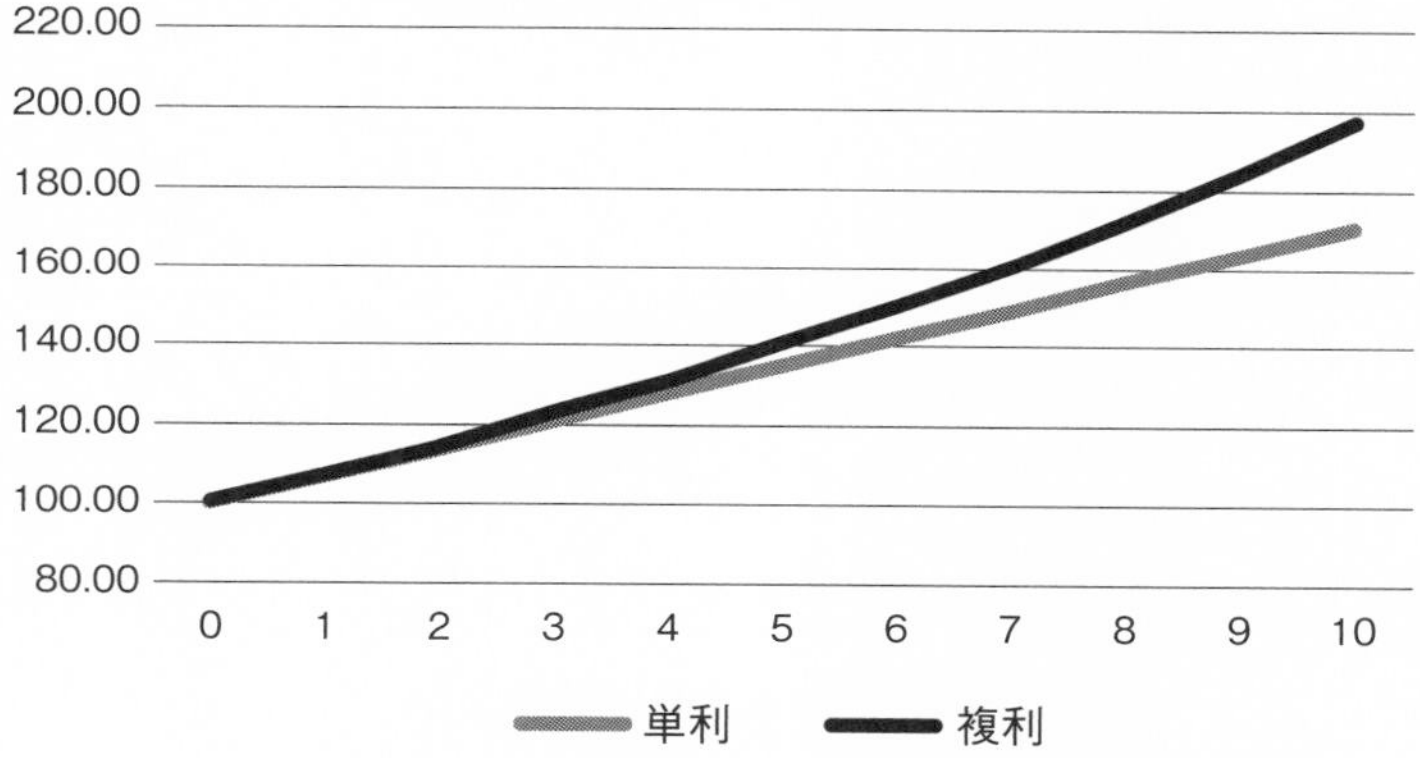

※期間が短いので縦軸を初年度の100から約2倍の200に至る部分を拡大しています。

換言すると、何年か着手を遅らせることは、グラフの右側が、その着手を遅らせた分だけ消える訳ですから、その影響は非常に大きいと思います。早期投資開始と複利効果を活用すると8年目には約15ポイントの差が、その2年後の10年目には約30ポイントに拡大しており、1年でも、2年でも早く始めることの意義がお分かりいただけると思います。

この再投資で得られるメリットは、たとえば開始当初（グラフの左の方）を比べたのでは、そう大差はありません。けれども、都心部プレミアム・ワンルーム（トップワン）投資では最大融資期間を35年にすることができるので、再投資によるグラフの曲線の差は、まさに歴然なのです（単利：３４５、複利：１・０６８となり約3倍の差になります！）。

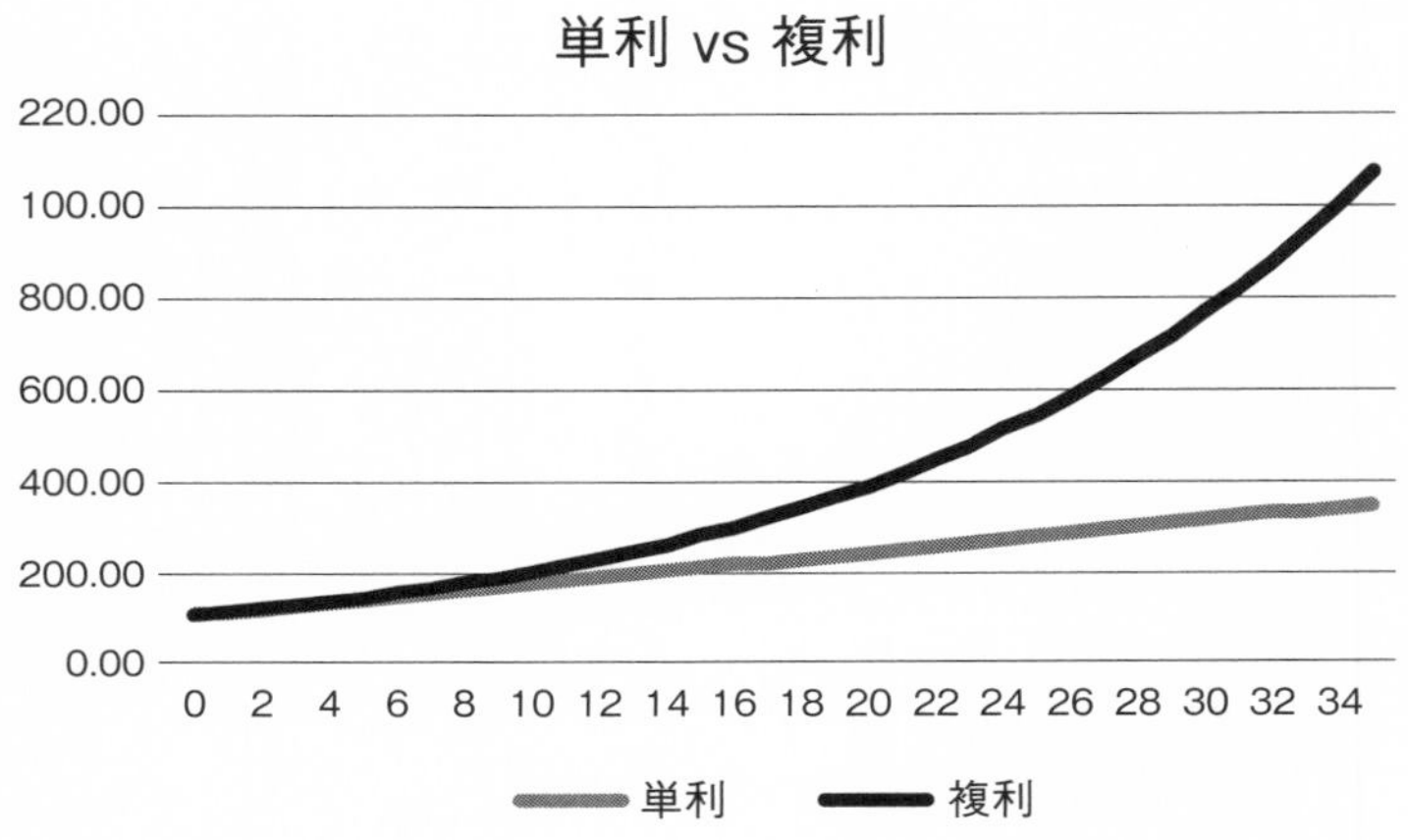

もう一つ、不動産投資において考えなくてはならないものに、完済上限があります。

住宅ローンにおいて、完済年齢は75～80歳に設定されていることが多くあります。かつては、完済年齢は70歳を上限とする金融機関が多数を占めました。しかし近年では法的な上限が上がり、完済年齢80歳での借入も可能です。ただ実際には、銀行は保守的な側面が強く、通常は75歳が完済上限となることが多いようです。

お金を貸す銀行側も、できるだけ若い年齢のうちに融資したいと考えていることは言うまでもありません。年齢を重ねれば重ねるほど、融資は受けにくくなるのは自明の理というわけです。

つまり、人生の早い段階から融資を受けて、いち早く不動産投資をスタートした人が、最終的により大きな利益を得られる勝者となるわけです。

え？　20代のうちから、そんな融資を銀行がしてくれるわけない、ですって？
そんなことはありません。まさにそれを可能にしてくれるのが、今のあなたの手のなかにある、「名刺の力」そのものなのです。

不動産投資というものは、どちらかいうと地味ですが、手堅く、そして時の淘汰を経た実績のある投資対象だと私は思います。

たとえばみなさんが、明日いきなりミリオネアになりたい、という考え方を持っているなら、あり得ない事を望むナンセンスさにも目を向けてみた方が良いのではないでしょうか？ 本来の投資は、現在の仕事や役職、立場を尊重しながら、近い将来の経済的かつ時間的な余裕を得る手段として行うほうが良いのです。それができるのが不動産投資であり、その強力なサポーターになるのが、あなたの名刺です。

あなた自身の等身大の価値である、「名刺」をよりどころにした融資で始めるからこそ、地に足の着いた投資の手段になり得ます。

つまり、銀行をはじめとした金融機関という、他人のお金を上手に使って堅実にお金を稼いでいく。これが不動産投資の醍醐味であり、名刺の力さえあれば誰にでも始められる、理にかなった成功法則と言えるのです。

スルガ銀行事件以降の「失敗しない不動産投資」とは？

2018年に世間を騒がせた「スルガショック」。スルガ銀行の不動産関連の大規模な不正融資が明らかになった事件で、好調だった不動産投資市場に大きく水を差すことになった一大スキャンダルでした。

関東圏を中心に女性専用のシェアハウス投資である「かぼちゃの馬車」を運営していた不動産会社の経営が頓挫。一方で当該物件を購入するための資金を貸し付けていたスルガ銀行が、融資基準に満たない人に対して不正に融資を行っていたことが明らかになり、その総額は1兆円以上に上るといわれました。

同銀行の一連の不正融資問題によって、金融庁は各金融機関の不動産投資ローンの審査実態について厳しくチェックする姿勢に転じました。

その結果、以前よりも融資審査の基準が厳しくなるなど、不動産投資市場にも小さくない影響を与えることとなったのです。逆に言うと、不正によって過剰な信用創造が行われてしまい、市場環境が歪んでしまっていた、とも感じています。

けれどもスルガショックのあと、コンプライアンスの強化が為され、不正はもちろん、不明瞭、不道徳なマインドを持つ不動産業者がマーケットから淘汰されていく流れが生まれたこともまた確かであろうと思います。

金融機関を含め、コンプライアンスの強化が徹底されたことは、不動産投資を始める個人にとってはむしろ追い風です。スルガショックによって、金融機関や不動産市場のコンプライアンスが磨き上げられることになったとすれば、新たに不動産投資を始める人にとっては決して不利益な状況ではないでしょう。

そして、こうした契機を経たからこそ大事になるのが、自分なりの不動産投資に対する物差しやフレームワークを明確にしつつ、見る眼やノウハウを磨いていくことです。

たとえばみなさんは、それぞれしっかりとした名刺を持たせてくれている会社のなかで、普段からきちんと仕事をされていると思います。

そうした「本業」を行う際には、当然その道のプロフェショナルとしての責務を担いながら業務を行っているわけで、仕事の仕組み、市場性や動向といったものを自ら研究し、知識や知見として蓄積しているに違いないでしょう。日々学習しながら、そうした物差しやフレームワークといったものを、みなさん当たり前のように実行しているはずなのです。

不動産投資で失敗しないためには、自分自身が、そうした知識や知見を自らアップグレードしていき、市況を見る確かな基準と目を持つべく、真摯に学習を続けていくことです。

1億円という値がついた物件であっても、同等の立地や仕様のものが流通価格8000万円であれば、それを自分なりの価値基準として持つ目が必要なのです。

あなたが本業で持っているはずの確かな目を、不動産投資において磨いていけばいい。だからこそ、投資の対象はあくまでもシンプルに、自らのノウハウとして磨いていきやすいターゲットに絞ることを私はおすすめしています。

それが、新築の「都心部プレミアム・ワンルーム（トップワン）投資」であり、再現性が高く「失敗しない不動産投資」です。難しいスキルを必要とせず、普通以上にちょっとだけ努力することで、本業以外の成果を得られるようにしようという副業へのチャレンジなのです。

なぜ銀行はあなたにお金を貸すのか？

自身の名刺を使って銀行融資を得て、不動産投資に振り向ける。そこから、あなたの「レバレッジ名刺術」のサクセスストーリーは始まります。

銀行などの金融機関は、勤務先や職業の実績から、あなた自身の「名刺の力」がどの程度のレベルであるかをシビアに算定していきます。

近年、金融機関の不動産投資に対する融資姿勢が厳しさを増しましたが、その理由について、先に述べた２０１８年の「スルガショック」を例にあらためて説明してみましょう。

スルガ銀行には事件当時、貸付先の証憑改ざんによる行政指導が入りました。この事件は、「返済能力がない人」を「お金がある人」に見せかけて、銀行が多額のお金を貸していたのが真相だったわけですが、審査書類の捏造は事件のほんの一端に過ぎませんでした。

それよりも、同事件は連鎖的に生じるさらに大きな問題をはらんでいました。

当時売り出された物件は、入居者が入っても入らなくても家主に一定期間家賃収入を保証する「サブリース式」を適用しており、そのサブリース会社が倒産してしまったのです。

結果として、家主つまりオーナーは、自力で入居者を獲得しないといけなくなりました。

しかし、入居者はいっこうに集まりません。なぜなら、入居者が入らない決定的理由が存在していたからです。

この物件は、住むに耐えない矮小な居住空間であり、個室にキッチン・トイレ・バスタブ・シャワーもない、共用のシェアハウスでした。住環境としてのクオリティが低く、入居者のニーズを満たす基準に達していなかったため、通常の手法で入居者を募集しても、まったく入居者が集まらなかったのです。

実は私も、数年前に収益物件として、シェアハウスの紹介を受けていました。立地自体はそれなりに良かったのですが、計画に疑問を感じたので、「間取りの設計と管理人の派遣をこちらの専決事項とするなら検討する」と主張したところ、商談が決裂した経験があります。

このように、世のなかには「危険な物件」のセールスが当たり前のように横行しているのです。

この事件でも案の定、資金繰りに追い込まれたオーナーたちは次々と破産していき、スルガ銀行側も貸したお金の回収ができなくなりました。損害を被った銀行側は当然ながら、今後こうしたリスキーな投資プランには関わりたくないと考えるようになったと思います。

その結果、新たに見直されたのが、安定企業の会社員や公務員、士業家などの名刺の肩書きを持った人たちを対象とした融資姿勢なのです。

繰り返しますが、そうした要素を自分なりに明確にしておくことが大事であり、それを希望や要望に置き換えて、不動産の営業マンと少し対話をしておくことも重要ということです。

リスクなくオーナーに稼いでもらえる方法だからこそ、銀行は融資をしてくれます。そして、銀行が融資したいと考えている対象者は「会社員・公務員・士業家」の方たちです。

銀行も家主も、双方に安全な「不動産投資法」しか信用されない時代になった今こそ、本書を参考に、安全・確実に資産形成をしていただきたいと思うのです。

「部下なし課長」「担当部長」でも「所属組織」に信用があればいい

名刺の力で銀行から融資を得ようとするとき、その人のパーソナリティーは大きな問題ではありません。

企業や組織のなかには様々な「肩書」がありますが、極論を言えば、どんな肩書であろうとも融資は受けられます。もちろん、役員や部長職など、給与の高さや離職リスクの低さに直結する役職であればそれに越したことはありませんが、基本的に信用力のある組織に属してさえいれば、銀行は融資に障壁を設けないのです。

なかにはプロパーローンといって、本人の人となりや個人業績などを審査基準に加える融資もありますが、それよりも、所属する企業がもたらす安定した給与収入こそ、彼らにとっては重要と言えるわけです。

さらに、人ではなく物件で融資がつくこともあります。たとえば、電子部品からサブカルチャーまで世界的に有名な秋葉原駅徒歩数分の物件というと、当たり前ですが空室リスクなどほぼ無いに等しいと言えるもの。募集した瞬間、まだ入居者がいるうちからどんどん申し込みが入るような優良な立地の物件です。

そうした物件であれば、誰が所有権を持っていようが、アセット（資産）は同じように回るのです。これは、「アセットファイナンス」といって、物件の資産自体にファイナンスがつくという、不動産の融資において本来最も重視すべき事柄です。

けれども日本の金融機関は、物件自体の資産価値よりも、それを所有するオーナーの勤務先や職業といった属性を重視しがちです。銀行の担当者は、物件ごとの実態にはそれほど着眼せず、ほぼ一律な空室リスクを想定し、そこにオーナーの属性を紐づけて融資の可否を考えるのです。

つまり、もし空室が出たときでも、名刺に力のある高い属性の人は安定的な収入があるから、返済をしていくことができるはず…という視点で見るわけです。

高属性の勤務先と見られる上場企業の社員や医師、弁護士などであったなら、仮に何カ月かの空室が出ても、返済は可能なはず…という見方をする。そうした保険的な意味合いでオーナーの属性を重視し、融資判断を行うのです。

いずれにせよ、融資を判断する金融機関の担当者は、あなたという個人を評価しているわけでは決してありません。あくまでも評価しているのは、「あなたの名刺」ということです。

いまや細かく調べなくても、就職四季報、転職サイトなどを見れば、企業ごとに平均勤続年数や平均給与の額などの情報が一目瞭然に載っています。金融機関はあなたの名刺を見て、そうした点を勘案しながらお金を貸すか否かの判断を下します。

いいえ、あなたの評価についてネガティブな話をしているのではありません。そうした金融機関のスタンスを利用しない手はないでしょう、ということが言いたいのです。

名刺を持っているということは、その会社や組織にあなたが属し、少なくとも現時点では、これから先も所属していくことを示す証しです。

勤続年数やそれに伴う年収の平均値は、銀行から見れば将来への期待値です。けれども、その期待値に対して、石にかじりついてでもまっとうしなければ…などと考える必要はありません。あくまでも、今のあなたの名刺の力を利用すればそれでいい。融資を受けるに値する属性があり、そうした名刺を持っていることを自信にして、スタートラインに立てばいいだけなのです。

不動産投資で借りるお金は借金ではない

名刺の力を活用して融資を受けることから、レバレッジ名刺術は始まると書きました。このとき、銀行から受ける融資は、どのようなお金だととらえるべきでしょうか。

表面だけ見れば、銀行からお金を借りる、ということであり、つまりは「借金」と考える方がいるかもしれませんね。実際、「お金を借りる」という行為にリスク要素を感じ、不動産投資に二の足を踏む…という人は少なくないようです。

けれども、よく考えてみてください。分かりやすく言って、仮に2000万円借りたときも、その裏側には、購入した2000万円の不動産の資産があるわけです。当たり前の話、借金といっても資産価値と等価です。

たとえば財務諸表を見ても、負債（借金）を右側に、左側には資産（不動産価値）を記載しますが、負債は概ね資産と一致するものとなります。バランスシートを見れば一目瞭然で、負債の傍ら自由に使える現金を持ってしまう「フリーローン」とは質的にまったく異なるもの。お金を借りるのではなく、あくまでも資産を購入するということであり、資産性のある良い借金と言っても過言ではないのです。

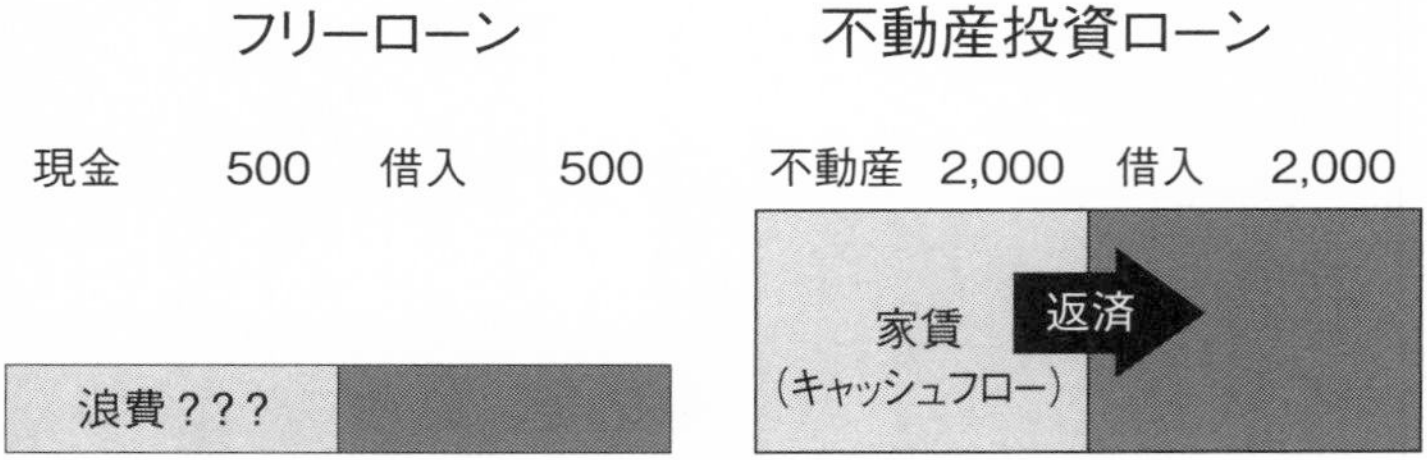

ちょっと脇道にそれますが、会計の勉強と若月りくの雑談におつき合いください。

上の図は、左側がフリーローンを借りた場合の貸借対照表（バランスシート）のイメージ、右側が不動産投資ローンを組んだ場合になります。

フリーローンは山手線等の車内でも金利３～12％、融資金額10～１０００万円等の広告を見かけることが多くなりましたが、これらのローン、借入を活用すると借入額５００万円の負債に対し、現金５００万円が手元に入ってきます。その名の通り資金使途が自由（フリー）なので、その現金を自由に使うことができ、娯楽やギャンブルで使い切ってしまうことも可能で、いずれは働いたお金で借金を返済することになります。

一方で、不動産投資ローンは、借入金額は１０００万円以上（ここでは２０００万円）と金額規模は大きいものの、手元には不動産（権利書）がある訳で、誘惑に負けて無駄遣いすることはできない上に、賃料収入が勝手に借金を返済してくれることになります。

視覚化すると悪い借金、良い借金の違いが一目瞭然だと思います。

お恥ずかしい話ですが、若月りくの20代のバランスシートは左側でした……漸くアラサーになって不動産投資を始めて、胸を張って良い借金をするようになりました。

若き日の若月りくの弁明は、フリーローンで調達した資金は、株式投資、外国為替投資、自己投資（会食、旅行、ゴルフ等）の先行投資で経験値を含めて投資回収の上、完済した、というものでした（笑）。

さて、不動産投資に話を戻して、百歩譲って「借入」ととらえたときでも、住宅ローンの場合の資金調達コストは年利1％程度、不動産投資ローンだと2〜3％くらいの調達コストになるでしょうか。

それに対して生み出される購入不動産のキャッシュフローは、新築ワンルームマンションだと4〜5％の利回りで回るのが一般的です。その部分のスプレッドを抜いていけますから、資産価値は維持された上で、負債である借金は速い速度で減っていくわけです。

特に都心部の物件については、そのことが圧倒的に顕著です。これが、都心部プレミアム・ワンルーム投資の絶対的なメリットなのです。

よく、人によってはクルマや自宅を資産と言います。確かに広義ではそれは資産なのかもしれませんが、私なりの定義で、即ち、本質的な狭義の意味では、資産には当たらないと位置づけています。本来、資産とは、それを使って新たな資産を形成できるもの。お金を生み出していけるもの、キャッシュフローを創り出していけるものであると考えているからです。

クルマは確かに利便性や娯楽性、自己顕示欲の充足をもたらすものではありますが、キャッシュフローを生み出すものではありません。新たな資産を運んでくるのではなく、逆に言うと持ち出してしまう面もあります。いわば資産を減らしてしまう可能性があるものであり、残念ながら自宅（マイホーム）も多くの場合で同じことが言えるのです。

その点、不動産投資で得る資産は、あなたの今後のキャッシュフローを生みだす源泉となり得ます。それを購入するための資金であるわけですから、不動産投資で銀行から借りるお金は、借金とはまったく異質なもの。借金という名の表面的な姿に惑わされることなく、あくまでも次の金の卵を生み出す鶏ととらえるべきなのです。

ちなみに、私が最初に不動産投資を始めたときは、2000万円の借入からスタートしました。けれどもその時点で私は、この先10年から30年という中長期的なスパンでお金を増やす資産ととらえていたので、大きなリスクとは考えませんでした。

同じ不動産の購入でも、自宅を買う行為とは根本的に違います。誰か第三者が自分の家の借入金の返済をしてくれる訳ではありません。自宅を購入するときにお金を借りたとしたら、それは宝くじでも当たらないかぎり、返済のためには自分が働いて稼いでいかなくてはなりません。

けれども、本書で語るプレミアム・ワンルーム投資は、あなた自身が汗水たらして稼ぐ必要はありません。そこに入居してくれた人が、しっかりと返済すべきお金を払ってくれるわけです。

なかでも都心部のワンルームマンションは、そこに入居し、「私が住みたい！」と言ってくれる人がそれこそ際限なく存在し、実質的には入居者が勝手に返済を進めてくれます。

都心部プレミアム・ワンルーム（トップワン）投資のキャッシュフローは、立地さえ間違わなければば、非常に安定感が高いことをぜひ知ってほしいと思います。

ビジネスへの投資だから、年収の7倍～20倍借りられる！

不動産投資と異なるものとして、自宅の購入を例に出しました。確かに、「夢のマイホーム」という言葉はいつの時代も使われ、サラリーマンにとっての人生の目標の一つ、と言う方は少なくないかもしれません。

けれども誤解を恐れずに言えば、マイホームの購入なんて、道楽の一つに過ぎないというのが私の考えです。自分の趣味や志向で家を作ってしまうわけで、資産としての価値はそれ以上でもそれ以下でもないのです。

また自宅を買った人からは、「いや～、都心なんて高くて手が出ないから、安い郊外にしたんだよ」といった話もよく聞きます。自宅がコストとして認識されているため、価格の絶対額だけで評価している事に基づく発言の様に聞こえます。

そうやって買ったマイホームは、決してキャッシュフローを生み出すことはなく、極端な言い方をすれば、やっぱり自己満足の道楽でしかないわけです。

一般的に、高い属性の名刺を持つ人…一部上場企業の社員や医師、弁護士などは年収の7～20倍の融資を金融機関から受けることができると言われます。

けれども、そうした人たちが単なるマイホームを購入するときに、銀行が同じような額のお金を貸してくれるかと言うと、さすがにそんなことはありません。年収の7～20倍と言われる融資は、不動産の購入を、あくまでもビジネスとして見ているからこそ可能になるものなのです。

不動産投資は、マイホームの購入にはない資産性を有します。キャッシュフローを生み出す原資としての評価があるから、銀行はお金を貸します。それは先述したように、借金ではなく、お金を生み出す資産であるからこそ、なのです。

私の場合、ピーク時で約3億5000万円の借入があったのですが、その時の年収は1250～1500万円でした。当初は私自身、「1億円を借入の上限」とする認識を持っていて、2年に1件程度購入し、取得から10～15年後に売却を繰り返していく流れを想定していました。

そうやって順次、資産の〝洗い替え〟を行っていき、常時5つ程度の物件を持ちながら蓄財していくことをイメージしていたのです。

ところが実際に不動産投資を始めると、銀行側の融資スタンスが当初想定以上に積極的になり、驚くほど簡単に1億円の壁は破れ、当初の想定を超えるペースで新規物件の購入を進めていくことができました。

もちろん、大きなリスクを冒して常軌を逸した収益を期待したわけではありません。あくまでも、地に足をつけた堅実な投資によって、7年間で12室（別途、住宅を保有）の物件を購入するまでになったのです。

そうした確かな成果を誰でも得られるのが、この都心部プレミアム・ワンルーム投資の魅力であるということなのです。

なぜ転職、独立する前に不動産投資をすべきなのか?

名刺の力とは、いわば勤務先企業や職種の過去の実績に基づく将来の信用創造に基づく資金調達力です。金融機関が見るところの「良い勤務先」に長く勤めている人は、この先も安定した収入を確保していけるという信用が(勝手に)構築されているわけです。

だからこそ金融機関は、急激な変化を嫌います。

たとえば、あなたがベンチャー企業や新興の外資系企業に華々しく転職して、年収が一気に1000万円や2000万円にアップしたとしましょう。

周りの友人、知人は「スゴイな!」「良かったな!」と一緒に喜んでくれるかもしれません。ところが、不動産投資を始めようとしたあなたの前に現れる銀行担当者は、予見性や安定性、蓋然性といった尺度で判断します。

「年収が2000万にアップ? でもそれって、あなたの会社で来年、再来年と続く保証はないですよね?」「社歴も短いですよね?」「勤めてまだ1年でしょ?」といった評価になってしまうのです。

人生のキャリア形成のなかで、独立や転職というものはアグレッシブなチャレンジであり、行為そのものや業界のプロフェショナルとしては、評価されてしかるべきものだと思います。

けれども、金融機関があなたの属性を見るとき、つまり名刺の力を測ろうとするとき、必ずしも肯定的な見方をされないということも、また事実です。

だからこそ、みなさんが優良企業で過去の勤務実績を持っているうちに、新たなお金を生むための資産形成を始めてほしい。あなたの名刺の力を最大限に利用して、人生のキャリアアップを果たすためのチャレンジを開始してほしいと思うのです。


私自身、15年超同じ会社にいる人間ですから説得力に乏しいかもしれませんが、不動産投資が軌道に乗った延長線上には、転職や起業というものは当然あって良いと思います。

またサラリーマンを続けていく場合も、不動産投資によって、自分の新たなアイデンティティを確立してほしいと願います。赤ちょうちんの下で、会社や上司への不満や愚痴ばかりをこぼしながらも会社を辞められない、組織にしがみつかざるを得ないような状況を脱してほしいと思うわけです。

もちろん、本業にはきちんと向き合い、成果を挙げられるように努力すべきです。その一方で、いわゆる副業ではないものの実質的に副業と言える形で、あなた自身の、あなたならではのアイデンティティを確立できる何かを持ってほしいと思います。それを実現する可能性を秘めている入口となり得るのが、都心部プレミアム・ワンルーム投資なのです。

不動産投資は、ビジネスマンとしての人生にも良い影響を与える

これは私の経験上言えるのですが、不動産オーナーになることで世のなかの見方が変わり、ビジネスマンとしての自分の人生に間違いなく良い影響を与えます。

不動産投資には、事業計画、出資、原材料調達（不動産購入）、営業・販売（賃貸契約）、資金調達（融資契約）、中長期的継続（管理委託契約）という一連の流れがあり、ビジネスマンや起業家が持つべきスキルセットを総動員する要素が内包されています。

起業のメンタリティや、営業力や資金調達力、マネジメントスキルが自然と身につき、経営者としての当事者意識が醸成されることになります。このプロセスを体験することによって、独立した企業人としてのマインドも含め、ビジネスマンとしての確固たる成長につながっていくと断言できます。

銀行が融資をする際の信頼性を意味するバンカビリティ（融資可能額）を高める「名刺の力」を利用して、最初は「他人のふんどし」で資金を調達しましょう。

そこからビジネスマンとしての実力をつけていき、やがて自らの名刺を凌駕し、その力が必要なくなるときが来れば、起業や転職もまた一つの選択肢であると考えます。

会社の肩書だけに縛られ、自分本来のアイデンティティを見失っていた人が、新たな人生の糧を見つけて成長していくきっかけになると私は思います。

第2章

放っておくだけでお金を生み出す不動産投資術がある！

「都市部の新築ワンルーム投資」なら失敗しない

本書ですすめる「都心部プレミアム・ワンルーム（トップワン）投資」は、ひと言で言えば、リスクの少ない不動産投資です。

都心部のマンションならば、10年や20年が経っても購入時とほぼ同じ値段で売れるだけでなく、駅近などの優良物件は再開発の恩恵を受ける可能性も高く、結果的に大幅に値上がりすることだってあります。

その証拠に、私はこれまで8件のワンルームマンションを売却してきましたが、残債を下回った物件は1例もありません。超好立地の物件は取得額以上で売却できています。

資産価値の下落リスクが非常に小さな「都心部プレミアム・ワンルーム（トップワン）投資」は、専門的な知識やノウハウをそれほど必要としない、堅牢性が高く、上振れの可能性を秘めた不動産投資と言えるわけです。

それなのに、都心部の新築マンション物件は、不動産投資を長く専門に行っている人からは、「それって利回り低くて一番儲からないやつでしょ」などと言われがちです。

確かに、たとえば地方の中古マンションは表面利回りも良く、１０００万円以下の手頃な価格で購入できて、キャッシュフローが出やすく収益性も高いと思われるのが普通です。

けれども、地方や郊外の物件は今後、賃貸の実需が先細っていくリスクが少なくありません。アセッ

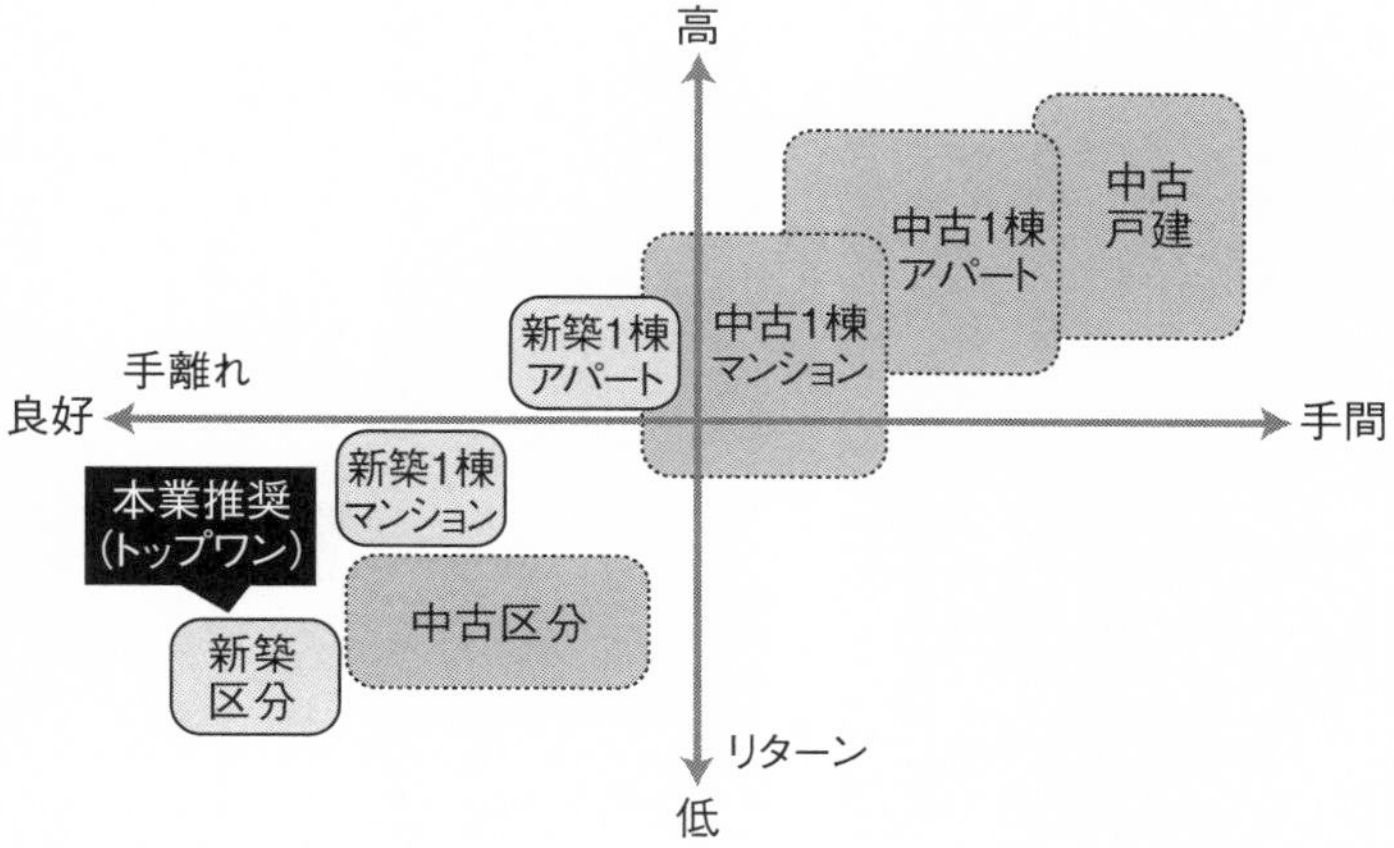

ト（資産価値）を考えても、ハイリスク・ハイリターンの投資法であり、ある程度の物件の目利きや運営のノウハウが必要になるのです。

そこに初心者がいきなり入っていくのはハードルが高く、私はおすすめしません。

たとえば野球をやったことがない人に、いきなり野球の試合に入ってやってごらん、と言っているようなもので、最初から手を出すのはリスクが大きく、副業のスタンスで行うには違和感があります。

私が本書で言いたいのは、まずは基本動作から始め、キャッチボールや素振り、トスバッティングからしっかりやろうよ、というメッセージです。あくまでも本業があり、その傍らで堅実に行える投資法であることに意味があるわけです。

つまりは、「失敗しない不動産投資」であることをまずは主眼に置くべき。では、なぜ「失敗しない」「リスクが小さい」と言えるのか。

そのカギとなるのが、圧倒的な空室リスクの低さと資産性の高さ（値崩れしないこと）なのです。

ちょっと、この辺りで不動産投資の全体像におけるトップワンの位置づけをマッピングしてみましたので、みなさんが狙うべき領域の狙いとリスク（時間的手間、心理的不安を含む）＆リターンの位置づけを整理してみるようにしてください。

まず初心者は、不動産投資のイロハを学ぶ意味で、区分所有、できれば失敗しないようにトップワンから開始して、知見やノウハウを蓄えることをおすすめします。

時間的な余裕があって手間をかけられる方は、徐々に難易度の高い領域にチャレンジしていけば良いのだと思っています。

中古戸建は、値ごろ感もハンズオン感（自分で手間暇をかけることを肯定的にとらえる意図）もあり、入りやすさはあると思いますが、経済的余裕と時間的余裕を両立させることを目的意識にする場合は筋が変わってくるという整理です。

アパート、マンションは規模感もあり、効率的であるメリットもありますが、ビジネスモデルの見極め（スルガショックのシェアハウス等）や立地の難易度（好立地は手が届かず、かつ商業向けプロフェショナルに買い負ける）、分散投資の観点から、初心者にはおすすめできないですし、中級、上級者であってもリスクシナリオが顕在化したときには手の打ちようがなくなる可能性が高く、お手軽におすすめできるものではないとの整理です。

驚くほど空室が生じない「都心部プレミアム・ワンルーム投資」

都心部プレミアム・ワンルーム投資と地方の中古マンションを比べたとき、前者の利回りが4%、後者が8%としましょう。

購入価格が低いことから、表面利回りが良いのは地方の中古マンションであり、キャッシュフローが大きく望める点で魅力的に映るかもしれません。

けれども、この2つのマンションの、投資物件としての期待値は理論上同じだと言うことができます。

言うまでもなく、今後の「空室リスク」について勘案する必要があるからです。

私は都心部のワンルームマンションをピーク時で12件保有（別途、住宅を保有）していましたが、過去に1カ月以上にわたって空室になったことは2例しかありません。驚くほど空室が生じないのです。

逆に、表面利回りが8%といった地方の中古物件の場合はどうでしょうか。私はこの種類の物件を保有したことがないので経験値で語ることはできないのですが、一般的に空室率は、都心部のマンションの2倍以上になると言われています。

つまり、空室率・入居率を勘案した投資物件としての今後の期待値は、都心部の新築マンションも地方の中古マンションも、理論上は同じということになるわけです。

そうであれば、資産性で勝る新築プレミアム・ワンルーム投資のほうがメリットの大きいことは、

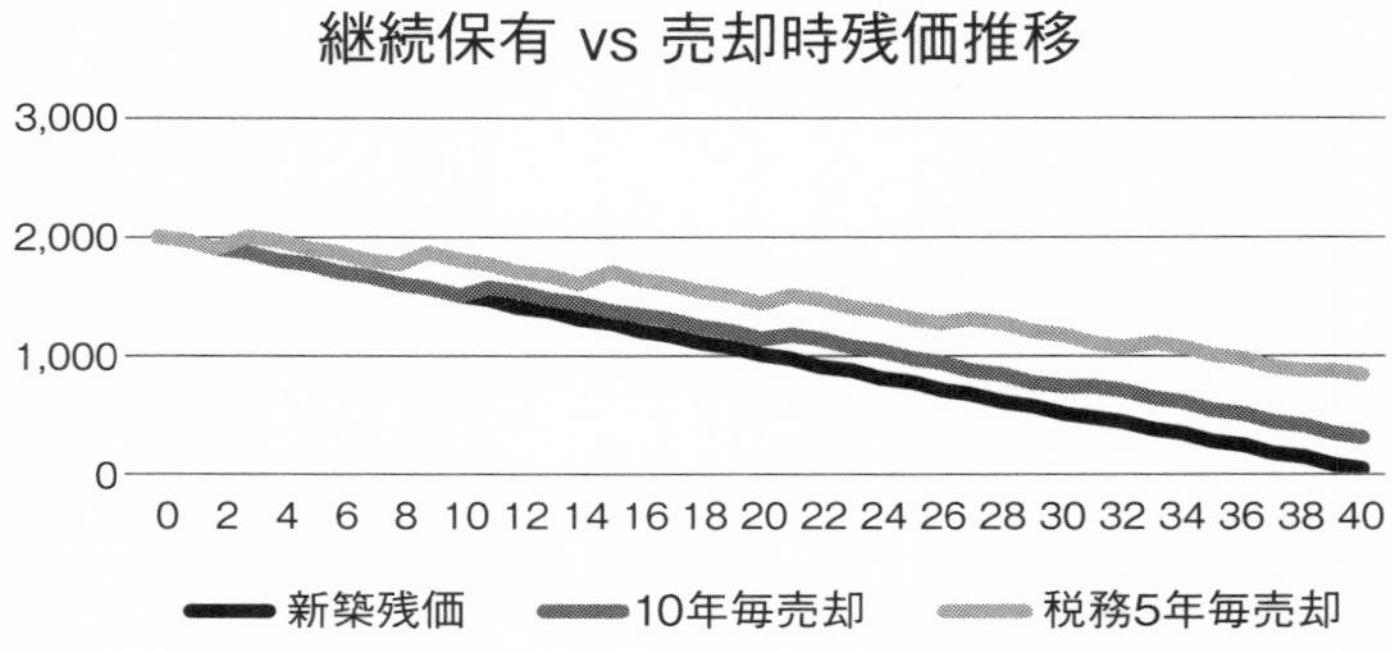

火を見るよりも明らかでしょう。

「中古のほうが割安で買えて、月々のキャッシュフローが出やすい」という営業マンの決まり文句は、一見リターンが高く、歓迎すべき話のように聞こえます。

けれども、実はリスキーな側面があり、中古マンションの投資で大きなメリットを生むには、次のような2つの奇跡が必要だと私は考えています。

一つ目の奇跡は、たとえば最初にその物件を買った人が、金利を上げられたり、家賃が下がったりして収支がマイナスになり、所有をあきらめ泣く泣く手放したようなとき。そして、そこで購入した不動産業者が良心的に、新築から減価償却する速度よりもさらに下のところで売りに出すという、まさに2つの奇跡が重なったときなのです。

つまり、手放すときの奇跡と、売りに出すときの奇跡という2つのミラクルが必要で、これが起こらないかぎり、資産性を含めて中古が新築よりもリーズナブルになるというのはあり得ないわけです。

上図では①新築を継続保有、②10年毎に売買、③2年目に売却後、税務メリットのある5年保有後売却という3つのシナリオに対して、新築完成・販売時のコストを起点に、残価の推移をグラフ化してみました。

ごく当たり前の結論ですが、取引コストがかからない分、新築を継続保有することが残価を抑制し、最終的な採算（毎年のキャッシュフロー+売却益）が極大化されます。

利益確定、債務圧縮、採算確定等を目的に、売却の判断をすることはオーナーの専決事項になります。ここで着目いただきたいのは、コストを含めた残価で評価すると、コスト構造において中古>新築の公式が常に成立し続けるという事実です。

購入を検討する際に、中古1500万円で利回り5％、新築2000万円で利回り4％が並んだときには中古の採算が良く映りますが、同じ物件を新築時から継続保有している方は残価1000万、利回り7％超の領域になっているのです。

中古物件の価格の安さは、そのまま物件としての資産価値の低さであり、そこに営業や販促のコストが乗ってくるわけですから、さらに相対的な価値は低くなります。

確かに月々のキャッシュフローに重きを置くことは大事ですが、私が本書で紹介していく「レバレッジ名刺術」で最も重視するのは、「所得に上限があるサラリーマンが経済的余裕を持つ、また時間のないサラリーマンが時間的余裕を持つ、それでいて再現性が高く失敗しづらい不動産投資」です。

つまり、新築の優良物件を購入してホールドしつつ、空室リスクの低さと、出口となる売却時に資産価値が下がらないことを一番のメリットとして考える。これが、「都心部プレミアム・ワンルーム投資法」で重視すべき、極めてシンプルなルールなのです。

大きなリスクを伴わず、「名刺を活用した融資」をもとに、堅実な収益と高い資産性を、継続性と再現性のなかで確保していく投資であるわけです。

お金を稼ぐのに時間はいらない

本来一般企業のサラリーマンである私が、不動産投資という「副業」に最も魅力を感じている点はどこか。答えはいたってシンプルです。

それは、〝放っておくと勝手に時間がお金を稼いでくれる〟こと。これが不動産投資の一番のメリットだと実感しています。

先に書いたように、サラリーマンはもちろん、公務員や医師・弁護士などの士業でも、当然ながら仕事には一定の時間的拘束を必要とされます。労働という形で自分のスキルやノウハウを提供して対価を得るには、そのために自身の時間を「犠牲」にしなければならないのです。

ところが、不動産投資はその点が決定的に違います。対価を得るために、あなた自身の時間を失うことはまったくといっていいほどありません。

あなたは何もしなくても、別の誰かが、あなたのためにせっせとお金を貯めてくれるのです。それが、不動産物件のオーナーになることの一番のメリットです。

不動産投資は、最初こそ自分なりに学習を重ねて知識を得ていくことが必要ですが、慣れてくれば、それに取られる時間はほぼありません。

私の経験上、実際に物理的に拘束されるのは、不動産会社との売買契約の際に生じる重要事項説明に要する時間のほか、主に金融機関との融資に関する面談などを合わせても、わずか4時間程度です。

それを経てオーナーになったあとは、すべて不動産会社が客付けや物件の管理を行ってくれ、あなたの時間が取られることはほとんどないのです。

数年が経ち、売却を考える際の商談や手続き、退去者が出たときの募集に関する打ち合わせを時折行うだけで、あとはほぼ放っておけばいい。

……これって、時給計算するといくらになると思いますか？　あなたの時間を4時間提供して物件を取得、そして5年後の売却時にトータル500万円の利ザヤが出たとします（実際の私の都心部プレミアム・ワンルーム投資で実現できている金額です）。

時給は、なんと125万円。これって、現役バリバリの超一流メジャーリーガーのサラリーをも上回る金額です。しかも圧倒的に低リスク。自分の時間を数時間提供するだけで、あとは勝手にお金がたまっていくという、夢のような稼ぎ方が可能になるのです。

これまでのあなたは、上司から理不尽な残業を命じられ、自分の時間を一方的に取られてしまう一方で、月々いくらも残業代が稼げるわけではない…という生活が実際ではありませんでしたか？

組織のなかで働くと、どうしても自分の時間はなくなり、自由が利かなくなります。毎日忙しいサラリーマンは、いくら自分で本業以外の収入を作りたいと思っても、残った時間を副業などに振り向けていく余裕など持てないのが普通なのです。

その点、不動産投資はそうした課題をスッキリと解決してくれます。副業というと、時間をお金に変えると考えがちですが、不動産投資の場合、〝労働時間〟を極限までゼロに近づける一方で、実際の労働よりも数倍の利益をあなたにもたらしてくれる可能性を秘めているのです。

ほんの数時間をかけて手続きが終わり、あとは、ほぼ何もしなくても勝手にお金が入ってくる状況を作ることができる。あくせく時給感覚で働いていた人が、「信じられない！」「ホントにいいの？」と驚くのが、都心部プレミアム・ワンルーム投資法です。

これこそがまさに本物の「不労所得」であり、従来のライフスタイルを変えることなく年収1000万円生活を実現できる、最も現実的な方法です。そのことをぜひ認識してほしいと思います。

バイアンドフォーゲットで、寝ているだけでお金が稼げる

〝バイアンドフォーゲット〟とは、Buy & Forget。つまり、「買って忘れる」ことです。

これが、都心部プレミアム・ワンルーム投資における一番のメリットであり、最大の価値と言えるもの。

良い立地の物件さえ選んで買っておけば、あとは忘れていても「人が勝手にお金を貯めてくれる」という極意なのです。

もちろん、購入時の立地の良し悪しなどの判断は重要で、そこには事前のリサーチも含めて十分な検討が必要です。けれども、そのために分厚いテキストやマニュアルを読み込んで専門的知識を蓄える必要などなく、特別なスキルが求められるわけでもありません。後述しますが、日頃からの好奇心や興味・関心を継続することだけで、十分に可能になるものです。

そして、中長期的に「この立地や場所なら安全だ」ということさえ判断できれば、あとは購入したあと、忘れて放っておくだけでいいのです。

心配はいりません。あなたよりももっと深く広い専門知識を持つ不動産会社の担当者が、代わりにしっかりと働いてくれますから。

「買って忘れるって、何千万円も払って買った物件を忘れるなんてムリ。毎日心配で気になって仕方ないのでは?」なんて思う人がいるかもしれませんね。

そんなあなたは、たとえば自分の物件が心配になって、入居者が暮らす部屋のドアを毎日見に行きますか?

まさかそんなことはしないでしょう。

FＸや株式のように、日々、市場価格が変わっていく…というものなら話は別ですが、不動産投資についてはそうした要素はまずありません。契約書の書面をどれだけ眺めていても、8万円の家賃が知らないうちに6万円になっていた…なんてことはあり得ないのです。

つまり、購入して客付けが終われば、放っておいても何も変わらない。あなたが忘れていても、何の影響も受けない、収入に影響を与えないのが不動産投資なのです。

ここで言いたいのは、買った物件に対して無責任でいい、ということではありません。副業として、あなたのもう一つのビジネスとして、時間をかけたり、心配したりする必要がないということです。時間もお金も大事。だったら、時間を失うことなくキャッシュフローを得ましょう、というメッセージに収れんされるのです。それを可能にするのが、この都心部プレミアム・ワンルーム投資と言えるのです。

自分の時間を犠牲にして、会社や顧客のために働いている今のあなたに、「これまでの仕事もライフスタイルも変えずに、より豊かな人生を過ごすための要素を加えてみませんか?」という提案をしたいわけです。

私は不動産投資を始める前に、株式投資を少し手掛けた経験があります。株や先物取引、FXなどの投資は、よりレバレッジが効くこともあり、大きな利益が得られる可能性を持つ金融取引です。けれども、そのレバレッジやボラティリティ(価格変動性)の大きさゆえに、リスクはおのずと高くなります。たとえば、それまで軽乗用車しか運転したことがないような人が、いきなりF1カーを渡されるような危険な側面があるのです。

渡されたF1カーに興味本位で乗ってみたところ、いきなり経験したことのないスピード感を味わってしまい、次からそればかりを追い求める自分になる……ということもあり得ます。

そうではなく、安全に目指すゴールに到着したいのであれば、交通ルールや法定速度の40キロを守りながら、着実に運転を続けていくほうが現実的でしょう。

そしてもっと言えば、自分よりも運転に慣れた上手な人にハンドルを握ってもらい、自分は助手席でゆっくりと寝ていればいい。あなたは何もせずに寝ているだけで、代わりに運転するドライバーが、ちゃんと目的地に連れていってくれるのです。テスラモーターズの自動運転が実現したら、このような世界観が実現するのでしょうが、不動産投資の領域では、すでに目的地が大富豪行きのビジネスモデルが存在したんですね（笑）

バイアンドフォーゲットで、寝ているだけでお金が貯まる――。こんな夢みたいな話が、現実のものとして起こり得ます。何よりも、実際に経験してきた私が言うのですから、間違いないことなのです。

不動産投資は株やFXよりも100倍安心

お話ししたように、不動産投資は家賃をはじめとした価格の変動性が小さい点でローリスクです。

特に新築の都心部プレミアム・ワンルームは価格の下落リスクが非常に小さく、資産価値が高く維持される点で極めて優れている投資物件です。

同じ投資として株式やFXについても少し触れましたが、決定的な違いは、不動産の場合は、たとえば朝起きてマーケットが大幅に変動しているといったことが、絶対に（と言ってもいいくらい）ないことです。

株式の価格下落リスクの大きさは、あらためて説明するまでもないでしょう。ブラックマンデーやブラックチューズデーなど､何かしらの外的要因の影響を受け､市場が開いたあと一気に暴落…といった例はこれまでも枚挙にいとまがありません。

また株式やFXは、監督官庁の指導に基づいて制度や政策が変更された場合の影響が甚大で、政治による制度変更の影響を強く受けやすい一面があります。一方で不動産は現物資産であり、外部環境が不変であれば、価値の保存性や安定性は極めて高いもの。もちろん、天災や都市計画変更リスクは存在するものの、それらが生じる確率は極めて低いと言えます。

ただ最近は、不動産価格の下落リスク…という言葉をよく聞く、という方は少なくないかもしれません。特に昨年来、新型コロナウイルス感染症の拡大で経済への深刻な影響が生じ、不動産市場も例外ではなく、一部の地区では土地価格の下落という状況が生じています。

けれども、その懸念が強いのは、あくまでもインバウンド事業を中心にした娯楽型商業地区が中心の話です。

そして、どんな時代でも賃貸住宅のニーズは必ずあり、マンションなどの賃料は、景気などの外部環境の影響を受けにくいのが大きな特徴といわれています。

いつの時代であれ、人は住む場所が必要なのです。住宅の家賃相場は極めて安定性が高く、相場はよほどのことがない限り崩れることはありません。

その証拠に、2019年度の首都圏の年間分譲マンション平均賃料は1平方メートルあたり2886円でしたが、2010年の2611円から大きなブレ幅もなく堅調に上昇しています〈㈱東京カンテイ プレスリリース 分譲マンション賃料（年間版）2020．1．16より〉。実際、私がこれまで手掛けたなかでは、良い物件では逆に1割以上家賃が上がっているものもあります。こうした安定した収益確保が期待できること、トップワン物件であれば再開発の恩恵を得れるケースもあり、この事実は、不動産投資の代えがたい魅力の一つなのです。

話を元に戻すと、株やFXなどの投資よりも、圧倒的な安心感を伴うのが不動産投資。朝起きて、相場を見て驚き、慌てて何かのアクションをとらなければいけないなど、心拍数が上がって一喜一憂するようなことはまずありません。

サラリーマンなど本業のある人にとって、株やFXは、常にある程度の注意力を向けざるを得ない面があります。それによって、本来業務に傾ける集中力がそがれてしまう点があるのは否定できないでしょう。

仕事中に、日本銀行などの中央銀行が何かの施策を発表したり、各国政府が重大な政策転換を行うなど、株価が暴落するようなニュースで肝を冷やしたりすることも…。その結果、サラリーマンとしての本業に影響してしまうことがあるわけです。

繰り返しになりますが、不動産投資は特別な負荷や時間をかけることなく、安定的に経済的価値を得ていくものです。

そうした手軽さや安心感において、株やFXなどの「投機」とはまったく異なるメリットがあることを、ぜひ知っておいてほしいと思います。

不動産投資は積立型生命保険の10～20倍のコスパ

不動産を購入するときに加入する、「団体信用生命保険」というものをご存知でしょうか。

不動産投資のためにアパートやマンションを購入し、金融機関から融資を受ける際に、多くの金融機関では団体信用生命保険への加入を必須条件としています。

団体信用生命保険（通称「団信」）とは、融資ローンを組んでいる契約者が亡くなったり、重度の障害状態になったりした場合に、残りのローンを肩代りしてくれる生命保険です。

基本的に、死亡や高度障害状態に備える通常の団体信用生命保険は無料で、保険料は金利に含まれているケースが多いです。それによって金融機関は、オーナーに不測の事態が起こった際に、融資の焦げ付きリスクを回避できるわけです。

団体信用生命保険は本来、金融機関側のリスクに備えた保険ですが、実は契約者にとっても大きなメリットがあります。借入が残った状態で自身に万一のことがあった場合でも、残りの債務は保険金から補てんされ、不動産の資産だけが残ります。

つまり残された家族は、返済負担のない不動産が手元に残ることになるわけです。それによって、まとまったお金が必要な場合は不動産を売却して現金化することも可能ですし、毎月継続して家賃収入を受け取ることもできます。

この説明を聞いて、あることに気づきませんか？　つまり投資用の不動産を銀行の融資で購入することは、生命保険と同等の価値があるということ。団信の種類によっては死亡保障だけでなく、がん特約が付帯され、がんになってしまった場合に残りの債務を肩代わりしてくれるものもあります。

つまり2000万円の物件購入の融資ローンを組んだときに、仮に自分が死んだり、がんになったりしたとしても（がん特約は商品設計次第です）、保険金で残りのローンが無くなり、不動産だけが資産としてまるまる残るという生命保険と同じ価値が得られるわけです。

多くの方が毎月や毎年、生命保険料を払っておられると思いますが、単に支払い金額を比較しても、レバレッジ名刺術により活用する不動産ローンに付帯する団信はとてもリーズナブルな保険と言えます。

たとえば、積立型生命保険との比較について見てみましょう。2000万円の積み立て型生命保険の場合、月額の保険料が10〜20万円くらいでしょうか。毎月、その支払いが生じることになります。

一方で、ワンルームマンションを買った場合、投下した資金に対するリターンで仮に月々1万円の持ち出しがあるような物件（超好立地で月次キャッシュフローが悪いケースの前提）でも、そこには2000万円の資産＝補償がついています。

つまり、最終的に得られる価値としては、積立型生命保険の保険料も不動産投資も同様であり、毎月の支払額から見て、不動産投資は積立型生命保険の10〜20倍のコストパフォーマンスの高さであると言えるわけです。

ましてや、月々の持ち出しが生じないプラスのリターンが得られる物件であれば、そのメリットは言うまでもありません。


こうした比較をみても、不動産投資を生命保険の代替と考えたとき、営業のスクリプトとしてはとてもシンプルで、こんなセールストークが成立します。

「毎月、生命保険料をいくら支払っていますか？　3万ですか？　5万ですか？」

「積立型の保険で満期時に500万円が下りる？　であれば生命保険の代わりに、同じ毎月5万円の持ち出し覚悟で、ワンルームマンションを2個か3個かを融資で買ってはいかがでしょう？　うまくいけば持ち出しゼロで、しかも10倍の5000万〜6000万円の資産がカバーにつきますよ」

これが団体信用生命保険も含めた、不動産投資における生命保険の代替としての価値であり、10〜20倍のコスパという意味なのです。

返済した元本は、「貯金」と同じ意味を持つ

これまで説明してきたように、新築の都心部プレミアム・ワンルーム投資は、資産性が高いことが特徴です。

月々のキャッシュフローだけを考えたら、表面利回りの高い地方の中古物件などが良く見えるかもしれません。けれどもそうした物件は、売却する際の売りにくさ、いわゆる「出口」におけるリスクが大きいと、私は考えています。

本書ですすめるプレミアム・ワンルーム投資は、手堅く再現性の高い手法であることがポイントです。そう考えれば、これは投資というよりもむしろ、「貯金や定期預金」といったとらえ方のほうが当てはまるかもしれません。

たとえば、月々の家賃収入が10万円あり、そこから融資ローンの返済分として8万円を支払っているとします。8万円の半分が金利の支払いとしても、残りの4万円は資産に置き換わっていくお金です。つまり4万円が、「定期預金分」として貯まっているという考え方ができるわけです。

いっぽう、仮に50万円の給与のあるサラリーマン（年収６００万円、実際の手取りは５００万円未満）が、４万円を貯蓄していったとしましょう。50万円から4万円を貯蓄すると、手元に残るのは46万円です。

けれども、不動産投資のなかでの4万円の「貯金」は、借主が積み立ててくれているので給与所得

から生活を切り詰めて貯める必要がないのです。

これって、大きな違いだとは思いませんか？　4万円×12か月で、1年にして約50万のお金が貯まっていく計算で、それが3年、4年になると150万や200万という金額になっていきます。

毎日汗水たらして働いて、毎月の収入のなかから4万円を除いて貯金していくのはなかなか大変でしょう。ましてや、年収500万から700万円の世帯の方がそれを続けていくのはなおさらです。それを、プレミアム・ワンルーム投資の場合は、自分が何もしなくても、まるで魔法のように、いつの間にか同様の「貯金」ができていきます。

そんな魔法の杖になるのが、あなたが持つ名刺のパワーです。そこに、どれだけの不思議な力があるのか。それを確かめられるのは、他の誰でもない、あなた自身なのです。

不動産投資は「就業規定」に抵触しない

柔軟な働き方を実現するため、政府は近年、企業に対して様々な「働き方改革」を推奨しています。その一つとして、2018年の1月から「モデル就業規則」を改訂し、それまでの「許可なく他の会社等の業務に従事しないこと」の規定を削除しました。

加えて副業に関する規定を新設するなど、政府自ら副業を推進する方向に舵を切り、2018年が「副業元年」と言われたのは記憶に新しいところです。

副業に関する規定が緩和され、事実上解禁されたことが、働く人たちの意識や行動様式の変化につながっているのは自然な成り行きでしょう。

ただ、政府が副業を積極的に推奨しているにも関わらず、実際には多くの企業が副業を認めていないという現実もあります。その判断は個々の企業に委ねられる部分が多く、就業規則のなかで、明確に「副業」を禁止しているところもあるようです。

問題は、その人が本業以外に行うビジネス的な行為について、どこからどこまでが「副業」として位置付けられるかということ。さらに言えば、本書のテーマである「都心部プレミアム・ワンルーム投資」は、果たして「副業」に当てはまるのか否か、という点でしょう。

実は民法においても労働基準法でも、「副業」の定義は明確には定められていません。「副業」という言葉はあくまでも、雇用者と労働者の間で結ぶ雇用契約や就業規則のなかで出てくるもので、繰り返しになりますが、どこからどこまでの範囲を副業にするかは、個々の会社によって異なるのです。

一般的に就業規則においてよくあるのが、「在職中にほかの職に就いてはいけない（二重就業の禁止）」という規定です。また、その行為が「本来の業務に支障をきたしているかどうか」が判断基準になることが多いと言えます。

つまり、たとえばサラリーマンであれば、給与所得のある職に就くと、これは副業と言えると思います。けれども、不動産投資や株式投資等、給与所得を得るものではない場合には、「職に就く」という行為には当てはまらないと考えられます。

また、株式投資や不動産投資などの場合、就業時間以外を活用し、本業に支障をきたすことなく行うことは十分に可能です。これは労働契約の範囲外で行っていることであり、これを禁止とするのはその妥当性がないものとみなされます。

特に不動産投資は、親の遺産相続でやむを得ず不動産オーナーになる場合もあるので、禁止するのは現実的ではありません。

このように、本来の就業以外で行う不動産投資は、あらゆる会社において、禁止されるものではないと言えるのです。

企業によって就業規定の中身は様々ですが、ちなみに最も厳しいのが公務員法と言われます。公務員は副業禁止規定によって原則的に副業が禁止されていますが、一定の条件を満たせば兼業が認められ、報酬を得ることも可能です。つまり公務員であっても、規定の範囲内であれば不動産投資は副業とはみなされず、行うことが十分に可能なのです。

こうした「働き方改革」の流れを受けて、「副業」と言われるものに関する定義や位置づけは徐々に変わりつつあります。

本書では、本業とは異なる権利収入ということで、あえて不動産投資を「副業」と表現している箇所もありますが、そもそも不動産投資は副業には当てはまらず、就業規定には抵触しないというのが一般的な理解です。

儲かる街、儲からない街が見えて来る⁉

これまで不動産投資の手軽さや、スタート時のハードルの低さについて書いてきましたが、言うまでもなくリスクがまったくゼロというわけではありません。

不動産投資の成否のカギを握る最も大きな要素となるのは、物件選びです。

私が実践してきた「都心部プレミアム・ワンルーム投資法」は、そのリスクをできるだけ低減すべく、都心部の駅から10分圏内の新築のワンルームマンションにほぼ特化しています。

購入価格は高くても、それを上回る資産価値が見込め、しかも土地価格の下落リスクも長期のスパンで最大限に抑えられます。そうした優良物件を、「名刺の力」に紐づく金融機関の融資によって購入しましょう、というのがこの投資法なのです。

たとえば、東京・港区は千代田区・中央区とともに「都心3区」と呼ばれ、極めて資産性の高い物件が出やすいドル箱の街です。

虎ノ門や新橋、芝、港南のオフィス街や、青山、赤坂、六本木、お台場などの商業エリアに加え、麻布や白金台、高輪といった多くの高級住宅街を擁する様々な表情を持っています。加えて、東京都23区では一人あたりの所得が最も高い街としても知られています。

ズバリ、こうしたプレミアムな街をターゲットに、新築のワンルームマンションに狙いを定めて購入するのです。

こうした物件選びや街選びに際して、私は3つの段階を経ることを大事にしています。

まずは、インターネットやその他の広告で新築物件の情報に着目し、周辺の不動産価格や賃貸価格を見ることで、その地域の経済力を推し量ります〈第一段階〉。

そして、その物件自体の詳細な情報を仕入れ、資産性について精査し、検討を重ねます〈第二段階〉。さらにもう一歩踏み込み、物件が位置する街の文化や歴史にも着目しつつ、住む人たちの属性から予見性を高め、将来性について検討します〈第三段階〉。

大事な視点は、土地の価格に反映される街の価値、そして物件そのものが持つところの資産性、さらにはそこに暮らす人、つまり入居する見込み客の属性の3点なのです。

そうした視点で街を見ることで、住んでいる人の層や収入の水準なども見えてくるわけで、不動産投資でメリットのある街かそうでないか、投資に値する物件か否かが次第に見えてくるようになっていきます。

住宅街なのか、商業地域なのか？　製造工場のおひざもとなのか、学校の多い文京エリアなのか、文化や歴史に満ちた普遍的な価値のある場所なのか？　街を見る視点が磨かれていくことで、不動産投資を行う上での物件を選ぶ判断力にもつながっていきます。

そんなふうに、普段の生活に密着した目線で物事をとらえることが投資に役立つという、誰でも持っている感性でビジネスができるのも、不動産投資の利点です。都市機能に関する情報の感度を上げていくことが、投資に関するノウハウを育んでいくわけです。

たとえば私、若月りくの考えでは、大学が立地する街並みには、強く興味・関心を惹かれます。大学があると、そこに通う学生が、4年や6年はその街に住むことになります。同じ大学に通う学生は属性も似通ったものになりやすく、街に安定感が生まれるのです。

たとえば、バブル期に相次いで建設された某ニュータウンなどは、都心の不動産価格が格段に上がったことからやむなく郊外に大規模な住宅を造った、ドーナツ化現象の象徴と言えます。結果として都心部から人が押し出されたあと、人の入れ替わりが限られていることから街の新陳代謝が進まず、20年や30年が経って廃れていく…。人の高齢化と建物の老朽化が同時に起こり、手の打ちようがないということになりがちなのです。

半面、大学があると、今の20歳の学生が4年後に出て行ったとしても、その大学があるかぎり、5年後も10年後も同じように20歳の人が住んでいます。街のターンオーバーや新陳代謝が健全に為されていき、土地や物件の価値が下がることがないのです。

大学のみならず、大きな企業の存在も同様で、社員の異動を伴いながら、その周辺に属性の同じような人が住むわけです。

このように、規模感のある大学や企業のある街は、高い都市機能を保ったまま、永続的に推移していける可能性が高いと言えます。

さらに言えば、そこに住む人に街や場所への愛着が生まれてくると、自然発生的にいっそう活力が湧き出てきます。やや概念的な話になりますが、街に息づく歴史や文化などの要素も、物件の将来性を考える上では大事な要素の一つであると私は思います。

不動産投資をすることで新たに見えてくる世界

不動産投資は、自分の時間を取られることなく行うことができ、特別なスキルが求められるものでもないと説明しましたが、一方で「日頃からの意識の継続が必要」とも書きました。

つまり物件について、中長期的に価値のある「立地」であり、「場所」や「環境」を判断するための目を日頃から養っていくことが必要、という意味なのです。

たとえば、街をぶらりと散歩しながら巡っていくTV番組をよく目にしますが、そうした「街歩き」の感覚で雰囲気や街並みを見ていってもいいでしょう。

街というのは通りが1本違うだけで、まったく別の顔を持っていることがあります。

そこに何があるのか。公園やデパート、ショッピングモールや学校、スポーツ施設…。大学や企業のある街は長く活性化すると書きましたが、そうした点に着目して街歩きを楽しんでもいいと思います。

不動産投資を行うことで、街の姿や雰囲気に関心を持つようになり、自分の見る眼や感覚が、次第に研ぎ澄まされるようになっていきます。何気ない日常生活のなかで、どうしてここには人が多く住んで賑わっているのか、ここはなぜそうではないのか？…といった視点で街を見られるようになっていくのです。

人が集まる理由や、人が動く理由を自分のなかで自問自答しながら、アンテナを立てて感度を高めていくことで、不動産投資に必要な「街や物件を見る目」ができていくわけです。

こうした視点や感性は、本業のビジネスにも良い影響を与えると私は思います。

ひと言で言えば、センスが良くなる、ということでしょうか。人はなぜこれを買うのか？といった問題意識を育み、その答えを考えることでビジネスの感度が鍛えられます。

本業にも良い影響を与えるシナジーを生み出すことになれば、まさに理想形ですね。不動産投資で必要な思考プロセスを備えていくことは、ビジネスマンとして成長していくための大事な素養にもなり得ると思うのです。

私自身、都心部の好立地のマンション物件を意識するようになってから、街を見る目が次第に変わっていきました。

たとえば、山手線に乗っているときなど、電車の窓から見えてくる都市部の風景を比較しながら、街の個性を自分なりに比べてみるのも面白いものです。

また自転車や徒歩で、毎日の通り道とはあえて違う場所を歩いてみて、街の表情の違いを自分なりに感じてみるのも有意義です。商店街の裏に1本入るだけで、まったく違った通りの姿があって興味をそそられます。

そうした視点で街を見ていると毎日が楽しいし、ときには宝の山を見つけたような気持ちになることもあります。その街が持つ特有の息吹を感じることで、普段の生活のなかで新鮮な刺激を得ることができるのもまた、不動産投資の面白さと言えるかもしれませんね。

第3章

「レバレッジ名刺術」なら無理せずに2000万円が貯まる

あなたの名刺は金持ち名刺？　貧乏名刺？

名刺を担保に銀行から融資を取り付け、資産価値の高い都心部のプレミアム・ワンルームマンションを収益不動産として購入する。これが本書で紹介する極めてシンプルで、失敗しづらく、再現性が高い投資法です。

この「名刺」とは、あなたの「属性」を意味するもの。そして属性とは、「その人に備わっている性質や特徴」のこと。つまり銀行融資という観点から見た場合、属性イコール職業や勤務先の企業を指すことになります。

ふつう名刺は普段から持ち歩き、自分の身分や連絡先を伝える役割に過ぎないシンプルなものですが、いざ銀行に融資を申し込む際には、職業や会社を表す名刺が「お金を借りる信用力」になるわけです。

本書の序章でもすでに触れましたが、名刺が銀行融資における信用力を示すという見方をするとき、そこには強い名刺と、そうでない名刺の序列ができることになります。

つまりは銀行などの金融機関によって、「融資しやすい職業や企業」と、「融資しにくい職業や企業」という色分けがされていくということです。

これは、職業差別にもつながる素地があり、とても語弊のある表現だと承知の上で、読者のみなさんに分かりやすく伝えるために、見出しにあえて「金持ち名刺」「貧乏名刺」と表記しました。

なにも職業や勤務先企業に優劣をつける意味ではなく、あくまでも不動産投資においての、金融機関が融資判断を行う際の一つの見方に過ぎないことを前提としていただければ幸いです。「融資のしやすさ」と「融資のしにくさ」の基準がどこにあるのかを分かりやすく紹介するための、一種の比喩表現に過ぎないとご理解ください。

では、銀行などの金融機関の担当者、つまり銀行員は、あなたの名刺のどこを見ているのでしょうか？　それは言うまでもなく、職業や勤務先であり、もっと言えば、名刺の裏に隠された給与明細（源泉徴収票）の評価です。

収益や報酬、給与の面で長期に安定性のある職業や職種かどうか、逆に離職やリストラの可能性がないか、実績のある長期安定企業であるか、逆に破たんの可能性があるかが、彼らにとっての判断基準であり、重視すべき要素になるわけです。

いまの時代、もはや多くの組織や企業で年功序列や終身雇用の文化はなくなりつつありますが、銀行は依然として、あなたの入社後のキャリアをしっかりと見ています。勤続年数や給与のベースアップの度合い、企業の規模や社歴や業績といったものが反映される給与明細を凝視しているわけです。

その際、銀行側が評価する名刺、つまり「金持ち名刺」というのは、一部上場などの長期安定の大企業であり、公務員、また医師や弁護士、公認会計士や薬剤師といった強い資格を持った士業が当てはまることになるのです。ちなみに士業は一般の自営業とは違い、国家資格を持つことで未就労リスクの低い点が評価されます。

これらの名刺に共通するのは、長期に安定的な給与収入を得ていくことのできる職業や職種、そして破たんするリスクの低い長期安定企業ということになるわけです。

栄枯盛衰が激しい不安定な企業は評価されにくい

いっぽう、金融機関の見方として、あえて言うところの「貧乏名刺」に当てはまるものは何でしょうか。

たとえば同じサラリーマンでも、外資系企業やベンチャー企業など、急成長を遂げていても栄枯盛衰が激しい不安定な企業はそれに当てはまりがちです。

起業して5年の、新進のベンチャー企業で年収2000万や3000万の給与を得ている人よりも、創業50年の一部上場企業に属し、勤続年数10数年で年収800万円から1000万円の人のほうが、銀行員が見る名刺の力は上であることが多いのです。

またスポーツ選手やフリーのエンジニア、コンサルタントなども融資獲得力を評価軸にすると「貧乏名刺」のなかに入ってくる可能性があります。

IT全盛のいま、技術力のあるフリーのエンジニアは、どの企業からも引く手あまたの人材でしょう。けれども日進月歩のITだけに、栄枯盛衰が非常に激しい業界ということもできます。今から20

年前はスマホなど世のなかになかったわけで、固有の技術だけにこだわっていると、環境の変化でせっかくのスキルが廃れてしまう場合もあるわけです。

同じエンジニア職でも、時代に合わせて柔軟に変容できる会社に属していれば、その名刺は各段に評価を高めます。たとえばソニーはウォークマンやプレステなどのゲーム機などで一世を風靡しましたが、いまは映像コンテンツなども含めたクリエイティブな事業領域への転換を進めています。富士フイルムも、かつてのフィルムメーカーとしての面影はもはやなく、医療・健康分野で大きく成長を遂げました。

こうした、時代に即したソリューションの切り口に重きを置き、柔軟に変容していける企業に属している人の名刺は、おのずと金持ち名刺になっていきます。

実は企業の成長性を考えるとき、こうした未来型の思考を持てるか否かの文化やカルチャーはとても大事であるわけですが、私たちが銀行に名刺を出して審査を受けるとき、銀行の側がそうした点をどれだけ見てくれているかは、個人的には大いに疑問です。

会社の規模は？　勤続年数は？　平均年収は？　平均年齢は？　……こうした定量的な評価だけを重視するのではなく、企業のカルチャーや成長性を深掘りしていく金融機関の担当者が、ぜひ増えてくれることを望んでいます。

金融機関は何よりも長期的安定性を重視する

サラリーマンの場合、自分の名刺が「金持ち名刺」なのか、そうでないのか、確かめるにはどうすれば良いでしょうか。

たとえば上場会社であれば、有価証券報告書や会社四季報が参考になります。会社の事業内容や特色、事業部門ごとの売上高に対する構成比率、業績見通しなどの株価材料が掲載され、金融機関が自分の会社をどのように見るかという指標になるでしょう。

また、私が参考になると思うのが、リクナビやマイナビなどのいわゆる就活サイトです。就活サイトには、平均年齢や平均勤続年数や給与水準、業績や企業の魅力や特性が網羅的に掲載されています。定量的なものだけでなく、会社の理念などのカルチャーも分かりやすくまとめられていて参考になります。

一つ分かりやすいサイトをご紹介すると「就活総研」が平均年収、平均年齢、平均勤続年数が一覧となっていて、個別の会社、業界の雰囲気が一目瞭然になる様に纏めてくれています。

https://shukatsusoken.com/ranking/salary/

私、若月りくが考える指標では、シンプルに言って、「平均勤続年数×平均年収」の値の大きな企業ほど、金持ち名刺の度合いが高いと位置付けられます。

つまり銀行の評価が高いのは、年収額は500～700万円で、20～30年と安定して存続できる企業です。そうした会社に勤めている人であれば、おのずと堅実な生活をしていると見られ、返済を踏み倒したりはしないという見方をされるのです。

たとえば、年によっては3000万円もの印税収入があるという、ある出版プロデューサーの銀行融資が下りた要因は、数千万の印税収入ではなく、80名の会員による毎月の文章教室の会費収入のほうだったという実例もあります。

サブスクリプションによる事業モデルがいま増えていますが、何かのソフトウェアが当たって1億円で販売する会社よりも、サブスクによる1000万円のライセンス収入が5年間継続しているほうを銀行は評価するわけです。

単純な掛け算では1億円のほうがいいに決まっているのに、銀行が評価するのはあくまでも後者。継続性のある安定的な成長戦略を描けることが、銀行融資の視点での金持ち名刺ということになると言えるのです。

また、たとえ知名度のない中小規模の会社でも、社会インフラを支える業態で、景気に左右されない点で金持ち名刺になるものは多々あります。

たとえば水道や電気といった公共財を支えるような技術系の会社などは、堅い事業基盤があり、安定した収益性が見込まれる点で銀行の評価が高くなります。

景気や社会環境に業績が左右される…ということで言えば、今回のコロナ禍では、旅行や飲食、アパレルなどの業界が大きな打撃を被ることになってしまいました。

コロナ禍のような、予期せぬ突発的な外的要因の影響を受け、これまで順風満帆だった業界に暗雲が立ち込めることは、不運かつ不幸であるとしか言いようがありません。

だからこそ、我々サラリーマンはいざというときのために、本業と並び得る本業以外の収入となるものを作っておくべき。それをローリスクで行うことができる不動産投資は、まさに大きな価値があると言えるのです。

3年以上勤務、自己資金数十万円で始められる

銀行はサラリーマンに対する融資判断の際に、企業の規模や業績はもちろん、その人自身の評価も重視するのは言うまでもありません。たとえば、入社1～2年目の人の融資が通ることは、普通なかなか難しいものです。

その点、私のこれまでの経験を通じて言うならば、入社して「3年以上」というのが一つの基準になると感じます。

また、不動産を購入する場合に気になるものに、自己資金、いわゆる「頭金」のことがあります。

住居用の不動産を買う場合の、いわゆる「夢のマイホーム」購入の際には、「頭金は3割程度必

要」とよく言われます。たとえば2000万円や3000万円超のマイホーム購入を考えたとき、600万や1000万の自己資金が必要というわけです。

ひと口に600万や1000万といっても、コツコツと貯金でもしていないかぎり、準備するには大きな負担がのしかかります。

その点、不動産投資の場合は収益性物件の購入ですから、普通そこまでの自己資金は必要ありません。そして、自己資金の負担の軽さは、都心部プレミアム・ワンルーム投資の場合にはなおさらなのです。

都内の新築ワンルームマンションの場合、2000〜3000万円の物件だと、今だとやや郊外といった相場感でしょう。都心部であればもう少し高額で3000万円超になりますが、その一方で資産価値が高く、今後の価格下落リスクが低いことは銀行側もよく知っています。

自己資金の有無はそれほど問題とされず、頭金がほぼ不要のフルローンでの融資が可能になるケースも多いのです。

よく「自己資金ゼロ」だと銀行側が融資に二の足を踏み、不動産投資は難しい…という指摘を見かけることがあります。確かに地方の物件など、一般的な不動産投資のセオリーならそうかもしれません。

けれども、本書で紹介する都心部プレミアム・ワンルーム投資では、その資産価値の高さから、自己資金ゼロでのスタートだって十分に可能と言えるのです。

私は、強い名刺がある人なら、3年以上の勤務で自己資金が50万円もあれば、都心部プレミアム・ワンルーム投資は問題なく始められると考えています。

実際に私、若月りくが最初に購入した2件の都心部ワンルームマンションは、頭金なしのフルローンでスタートすることができました。総借入残高が3億を超え始めた後に購入していった物件では、いずれも自己資金が100万～200万のローンで買うことができています。

金融機関は、属性つまり名刺の強さと物件の良さがあれば、自己資金の大小にはそれほどこだわりません。

プレミアムマンションなどの資産価値の高い不動産では、アセットファイナンスの考え方（キャッシュフローが安定し、資産性が高く、値崩れしにくいという位置づけ）を重視し、資産価値に基づいた融資に重きが置かれます。そして、価値の毀損が生じたときの担保にするための、保険的な意味合いで属性を評価するわけです。

銀行などの金融機関は、本人の信用力だけでなく、物件の収益力を見て、貸せるか否かの判断をします。ですから名刺の力はもちろん、やはり物件の良し悪しはもちろん重要で、その両輪がそろうことが欠かせません。

つまり、個人の名刺の力と、都心部ワンルームマンションという収益性。この2つが合致する投資であるからこそ、銀行も安心して融資してくれるという、非常に合理性のある投資ビジネスになるというわけです。

積立定期預金ができる人は信用されやすい

あなたは定期預金というものに、どんなイメージがありますか？

多くの人にとって身近な存在である定期預金ですが、その正確な定義についてきちんと把握している人は意外と少ないかもしれません。

そもそも定期預金とは、預け入れから一定期間お金を引き出せない預金のことで、決められた期間で払い戻しをしないことを条件に、通常は普通預金よりも金利が高くなっています。

なかでも積立定期預金は、毎月決まった日に、決まった金額が積み立てられる定期預金のことで、冒頭触れた先取り貯金を強制的に実践する手段にもなります。目標額を決めてコツコツと貯めていくことで、資産づくりの第一歩に適した預金の方法です。つまり積立定期預金は、あらかじめ決めた金額を継続して貯めていくという、銀行との約束の履行なのです。


この積立定期預金が長い期間で継続できていく人は、銀行からの信用度がおのずと高いものになります。約束をきちんと守ることができる人間性の証しであり、自分の所得のなかで堅実に行動できることの証左にもなるのです。

また銀行と個人との関係性において、給与が毎月きちんと入り、積み立てが継続できる堅実な会社に勤めているという信頼性を与えることもできるわけです。積み立てる金額は、月に1万円でも2万円でも構いません。額の大小よりも、毎月コツコツと長く貯め続けていることが、銀行からの信用を勝ち取ることにつながります。

個人のそうしたパーソナリティーを表すものの一つが、銀行から見ると「積立定期預金」ということが言えるのです。

そもそも不動産投資を行う際、銀行に融資を申し込むアクションについて、それまで取引実績のないところに行くのは、相当に難易度が高いものです。たとえば自分で都市銀行に融資の交渉をしようとしても、まず間違いなく門前払いにされます。

私も不動産投資を始めた当初、某都市銀行に直接融資の交渉をしようとしたことがありますが、その塩対応ぶりに唖然とするほどでした。箸にも棒にもかからないというのはまさにこのことで、不動産投資のビギナーの方にはまったくおすすめできません。

だからこそ、基本的に不動産投資を始める際は、購入する不動産会社が持つ提携ローンを利用してスタートする人が大部分だと思います。

ハウスビルダーやマンションデベロッパーは普通、提携する地方銀行や信用金庫などの住宅ローンや不動産投資ローンをいくつか取り揃えていて、顧客に斡旋することが可能です。最近はこうした提携ローンの利用が増えていて、初めての不動産投資であれば、素直に不動産会社が持つこうしたスキームを活用するほうが良いでしょう。相当に強い名刺があれば、自分で金融機関を見つけて交渉していくことも不可能ではありませんが、それよりも不動産会社の提携先金融機関のローンを使うほうが、はるかに現実的と言えるのです。

不動産デベロッパーの担当者は、「お客様の属性であれば、この物件がおすすめです」と好意的に選定してくれ、多くの場合、提携先金融機関のローンについても斡旋してくれます。

それを利用する場合、融資の仮審査を経て書類を書いたあと、本審査に進み、その際にあなたの名刺の力が生きるわけですが、それ以外の属性についても同時に評価されます。

たとえば積立定期預金をしていれば、安定した属性を持つ証明書の一つになり得ると言えます。実際、金融機関の審査基準の一つに組み込まれているとも言われており、定期預金ができる人は、セルフマネジメントができる人である証明にもなるわけです。

ちなみに不動産デベロッパーの提携ローンを利用した場合、あなたは金融機関と直接交渉を行う場面はまずありません。金融機関はデベロッパーの担当者を経由してあなたの希望の融資額が可能かどうかを判断し、最後の手続きに移ります。

デベロッパーにとっても、優良な名刺や属性を持つオーナーに販売することができ、金融機関もそうした人には融資したいと考えます。

力のある名刺を持っている人は、銀行にしてみれば、融資に前向きになれる優良顧客。名刺の力は言うなれば、不動産投資を前に進める強力なエンジンになり得るものなのです。

一度銀行に信用されるとドンドン信用される

たとえば、ある不動産デベロッパーでワンルームマンションを1件買ったとしましょう。そこから半年や1年後に、同じ提携ローン先の金融機関を活用して「もう1件いかがですか？」という案内を受けることがあります。

これは、オーナーになった場合に推奨されるパターンで、融資した口座にきちんとお金が入り、返済のための引き落としが着実にできているという証し。一つひとつの積み重ねによって、確実に銀行からの信用が蓄積されているのです。

さらに、銀行側から依頼されて積立定期預金を始めたり、一部の給与の振込口座にするなどで信頼関係をいっそう構築していけば、銀行から優良顧客だと認識されるようになります。

これは一般論ですが、銀行というのは、あくまでもお金を借りている人のことを顧客と考えます。その点、不動産会社の提携ローンを通じて融資を受ければ、あなたはれっきとした顧客です。それをベースに金融機関の信用をどんどん獲得していくことで、継続的な融資へと必ずつながっていきます。

ではここで一つ、質問です。銀行から融資を受けて不動産投資をスタートしたとき、確かな信用を得ていくには、1年目から不動産事業を黒字化する必要はあるのでしょうか？

始めてすぐに黒字化させる自信がない…というビギナーの人は、実は少なくありません。いきなり不動産事業が赤字になってしまっては、銀行からの信用にキズがつくのでは…と心配になる人は多いように思います。

けれども、不動産を購入した1年目は、登録免許税や不動産取得税などの費用が発生することもあり、黒字化するのは難しいケースが少なくないのです。ましてや新築のプレミアム・ワンルームの場合、採算はそれほど高くはありませんから、いきなり黒字にするのは難しい面があるでしょう。

結論を言えば、1年目に黒字化できないからといって、次の融資が受けられなくなるといったことは、ほとんどないと言えます。

ではあらためて、不動産事業の黒字化とは、一体どういうことなのでしょうか？

仮に現金収支で、家賃収入が10万円ある一方で、ローン返済が8万円、そして管理費で1万円かかり、固定資産税が1万円かかるとしましょう。

すると、10万でトントンということになりますね。この状況では、多くの人は黒字化と言わないはずです。いわゆるプラスマイナスゼロ。利益が出ている黒字化状態と呼ぶのは無理があります。

けれども、このトントンの状況なら、金融機関は立派に黒字の評価をしてくれるのです。

次ページの図は現金収支の中身を見たものですが、収入も支払いも10万円ずつで現金収支はトントンになるのですが、ローンの月次返済額の中身を見ると、半分の4万円は費用、4万円は元本の返済に充当される訳です。

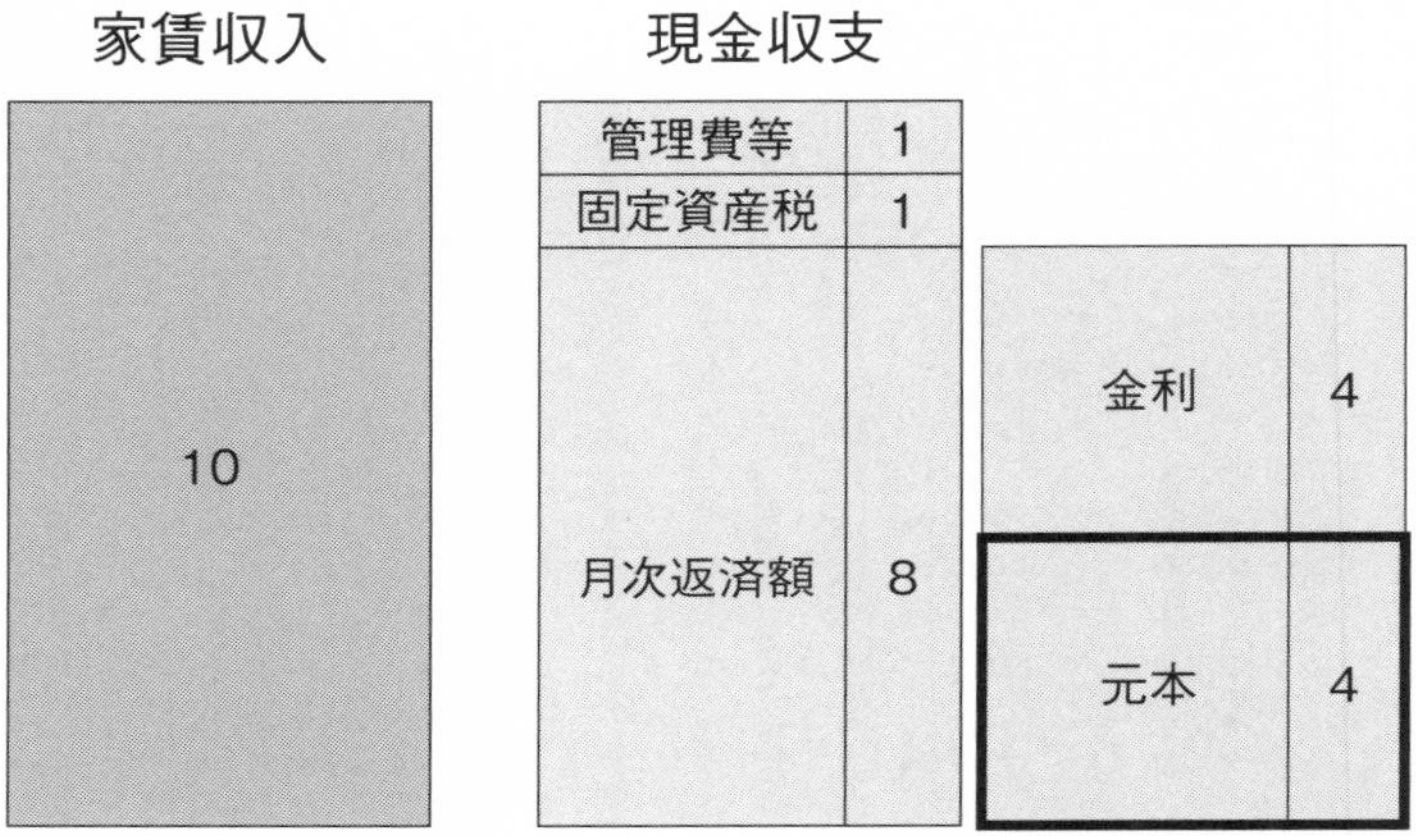

少し専門的な話になりますが、重要なので頭の片隅に残していただきたいのですが、会計的にも税務的にも、元本の返済は費用ではないのです。会計や税務で見た場合、売上（収入）は10万円、費用は6万円で4万円の利益が計上されている、というふうに解釈されるのです（この表現は、未だ少し正確ではないですが、一旦ここで止めます）。

後で詳しく述べますが、この現金収支に含まれないものに「減価償却費」があり、銀行は減価償却を勘案すると、「不動産事業のキャッシュフローは黒字」という考え方をするのです。

つまり不動産投資の場合、見かけ上（月次の現金の入出金）はトントンに見えても、きちんと黒字化されていることが多くあります。うわべだけでないお金のからくりが隠されているのもまた、不動産投資の面白さということができます。

こうした点は金融機関もきちんと見てくれますか

ら、「黒字にならないから次回融資に向けた信用が毀損するのでは…」といった懸念は当てはまりません。

実はこうした考え方は、他のビジネスにも役立つ金融リテラシー（お金にまつわる素養）にも通じていきます。不動産投資でビジネス感性が養われるというのは、こうした側面もあるのです。

もしも転職するなら「成長市場」のビジネスへ

銀行から融資を受ける際、「転職」することの良し悪しについてはどうでしょうか？

本書のテーマでもある「名刺の力」について、転職がもたらす影響は、いわばケースバイケースです。もともと強い名刺を持つ方は、転職がマイナスに作用することが少なくありません。転職によって勤続年数がリセットされ、すぐには融資が受けられなくなることもあります。「転職して間もないので融資は難しい」「3年ほど勤務実績を積んでからまた相談してください」などと言われるケースがあるわけです。

つまり転職した場合、勤続年数という点で、どうしても弱さやデメリットが出てきてしまうのです。

その半面、たとえば東証一部上場企業への転職など、安定的な収入アップがはかれるような大企業への転職であれば、名刺の力は向上するわけですから、もちろんプラスに作用します。

銀行などの金融機関が考える融資の信用度は、「勤続年数×年収」だと説明したように、勤続年数でアピールできないなら、年収を上げられる状況を作ることが大事です。

たとえば同業種でのキャリアアップのための転職であれば、逆に金融機関から良い評価を受けるケースもあります。従来のスキルやノウハウがそのまま使えた上で、年収アップに直結するわけで、知名度の高い同業他社への転職なら、たとえ勤続年数がリセットされたとしても、従来の延長線上にあるという見方をしてもらえるケースが多いのです。

転職は勤続年数がリセットされるわけですから、その点ではマイナスですが、だからこそ、そのマイナスを凌駕するような収入アップをはかること。企業規模や安定性、知名度などが上昇する、属性評価がランクアップするような転職であれば、プラスに作用することも十分にあり得るのです。

そうした条件を満たすには、転職するならやはり、「成長企業」を選択することが欠かせません。斜陽産業や破たん実績の多い業種・業態は、当然ながら避けた方が望ましいのです。これからの「勤続年数×年収」の値ができるだけ大きくなるような、成長性のある業界や業態、企業を選択することを心がけてください。

転職によって勤続年数がリセットされてしまうのはマイナスの部分はありますが、もし転職するなら、その値が大きくなるような成長企業への転職を、ぜひ念頭に置いてほしいものです。

副業なら継続性のある「サブスク」ビジネスが高評価

もしもあなたがご自身の名刺を見て、強みを感じられず、成長企業への転職も叶わないとき——。名刺の力はたとえ弱くても、たとえば強力な副業を持つことで収入のベースを上げ、銀行融資を取り付けることが可能になる場合があります。

ただし本書で繰り返し書いているように、サラリーマンのような立場にある方は、ふだん自分の自由になる時間はほとんどないでしょう。会社や組織に拘束される時間の多さから、自由な副業などなかなかできないことが多いのです。

つまり副業を考えたときに、明らかに時間を切り売りするようなものは、サラリーマンにとっては非常に難しいわけです。また、単発かつ一過性なものであり、ノウハウの蓄積が為されず効率化が進展しないような副業なら、かえって本業の足かせになり、やらないほうが良いと私は思います。

そうではなく、自分の強みを活かせるもので継続性があり、時間レバレッジが効いているような副業なら歓迎です。

では具体的に、どのような副業であれば、金融機関の融資姿勢にプラス要素を加味することができるのでしょうか。

結論を言えば、時間の切り売りではなくレバレッジが効いて、会員が増えれば増えるほど、労力は変わらずに、得られるバリューがどんどん増えていくような投下コストに比べて収入に上限がないもの。そうした要素に満ちた副業であれば、非常におすすめです。

たとえば、継続反復性のあるサブスクリプションで提供するようなコンテンツ系のサービス。銀行は定量的に測れる評価を重視しますから、顧客リストを持ち、メール配信先が一定数あるような、この先の収益がおのずと見通せるようなビジネスは銀行もすごく評価しやすいのです。

たとえばＩＴ系の企業で働く人が、スキルを活かして行うアプリ制作や、映像コンテンツの制作など、週末の副業で一定の収益を挙げている人などが該当します。

継続的に明確な収益が見込める副業を持つことは、銀行の融資における評価にプラスの要素を与えることになるわけです。

ですから、たとえば名刺の力が弱いからといって、都心部プレミアム・ワンルーム投資をあきらめる必要はまったくないということ。あなたには成長企業への転職という道があるかもしれないし、評価の高い副業を持つことで、名刺の力以上の銀行評価を得られるかもしれないのです。

私自身がそうだったように、「レバレッジ名刺術」を活用した投資法であれば、会社を辞めることなく柔軟に働き続けることができ、すぐに1億円以上を稼ぐことだって可能です。

ぜひ、あなたのこの先の人生をより良いものにするために、自らの手で未来を切り拓いていただきたいと思います。

第4章

さあ、あなたも始めよう！
私が7年で12室のマンションを買えたワケ

「名刺の力」と「物件の価値」がモノを言う

コロナ禍による緊急事態宣言の発令や、在宅勤務の推奨など、暮らし方や働き方が大きく様変わりしつつある今。ニューノーマルという新語にも表れているように、私たち自身で新しい生活価値を生み出していく努力が必要です。

つまり、今の仕事だけを続けていくことで、豊かな生活を送るための経済的余裕や時間的余裕を確保できるのか？　ということ。これまで安泰だった業種・業態や企業が不測の事態に追い込まれるなか、自身の生活を守ることができるのは自分だけ、という感を強くしている人はきっと多いのではないかと思います。

折しも、私が不動産投資を始めたのも、ちょうどリーマン・ショックが発生したあとの２００９年のこと。世のなかに不透明感や景気の先行きが見えない暗いムードが広がっていた時期でした。

ちなみに、当時の私は次のような状況にありました。

・上場企業勤務5年前後、アラサー
・会社の業務にも慣れ、担当プロジェクトも任されるレベル
・慌ただしい日々に追われ、経済的余裕、時間的余裕への欲求
・キャリア形成に対する漠然とした不安感　…

こうした状況に身を置くなかで、思い切って不動産投資をスタートしたのです。

当初は、専門的な知識をまったく持たないなか、先輩の知見を頼りつつ、自力としては「名刺の力」だけで投資を始め、結果的に7年で12室（別途、住宅を保有）のワンルームマンションを購入するまでになれたのです。そのプロセスのなかで強く感じているのが、大事なのは名刺力に加えて、「物件の価値」も大きく影響するということです。

それが本書のテーマでもあり、繰り返し書いている「都心部プレミアム・ワンルーム投資」なのですが、つまりは「投資に値する物件かどうか」の判断が重要ということです。

そうした物件の価値を正確に推し量ることが、マンション投資を成功に導く重要なカギの一つということができます。

不動産投資を初めて行う方は、とかく利回りを重視して物件を購入しがちです。けれども、利回りばかりに目がいってしまうと、不動産投資の本質を見誤る危険があります。

利回りが良いからといって、必ずしも高い家賃収入が継続的に見込めるわけではなく、単に家賃下落のリスクが物件価格の安さに織り込まれることがその要因になっていることが多々あるのです。

駅から遠いといった立地の悪さや、建物が古い場合には、当然ながら資産価値の低さに直結します。それよりも、2000万円の物件ならば、同額のフルローンが組めるような収益力を持っている物件であることを重視すべき。前述したように、銀行融資が借金ではなく、新たなお金を生み出す資産となり得る物件であることが大切なわけです。

賃貸契約更新の確率が高く（退去も少なく）、退去になっても空室期間ができるだけ短くて頭を悩ませないことが一番です。その上で、月々の借入返済総額＋管理費＋修繕積立金の合計が月額賃料よりも少ないことはもちろん望ましいこと。

できれば固定資産税を含めてプラスだと好ましいのですが、多少はマイナスでも構いません。物件収益力について、短期の利回りよりも、むしろ中長期的な資産価値を重視し、堅実な投資を行うのが都心部プレミアム・ワンルーム投資なのです。

「節税」をモチベーションの一つに不動産投資をスタート

サラリーマンである私が不動産投資を始めた理由の一つに、「節税」のメリットが挙げられます。

サラリーマンは毎年、１年間に受け取った給料をもとに会社で年末調整を行い、その年の所得税の金額を計算します。所得税は、給与から配偶者控除などさまざまな控除を差し引いて自動的に計算していくことになり、節税に関する自由度が極めて低いのがサラリーマンの特徴でもあります。

自営業の場合はさまざまな支出が経費として認められますが、たとえばサラリーマンが、仕事に着ていくからとスーツ代などを経費で計上して税金を減らすのは難しいのが現実です。

けれども不動産投資の場合には、「損益通算」という仕組みがあり、これによって、サラリーマンでも積極的な節税が可能になるのです。逆に言うとサラリーマンが節税できる限られた選択肢で最も効果的なものが、不動産投資ということになります。

たとえば株式投資や投資信託などは、利益が出た場合には、本業での所得との分離課税方式によって、得た利益に対して一定の税金を納める必要があります。

その点、不動産投資で得た収入は、本業の給与所得と合算することができます。つまり、家賃収入（利益）の分から投資にかかる経費を差し引き、その上で給与所得と合算して計算することができるのです。その結果、不動産投資で収支が赤字になった場合（適切な赤字になった場合：詳細は後述）は、確定申告でマイナスを合算し、税務上の給与所得を減らせるわけです。

これを「損益通算」といい、不動産投資が節税に大きく寄与する要因となります。

また、課税所得が減ると、当然ながら所得税と住民税も下がることになり、その点での節税メリットも得られることになります。

都心部プレミアム・ワンルーム投資は、その資産価値の高さから、長い目で見れば堅実性の高い投資術であると説明してきました。たとえ月次キャッシュフローが赤字になった場合でも、損益通算による節税メリットが得られることは、サラリーマンにとっての大きな利点なのです。

キャッシュフローに関連する、不動産投資にかかる経費はいくつかありますが、たとえば下記のようなものです。

固定資産税や都市計画税

火災保険料

融資利用の際の金利
修繕費用
管理費と修繕積立金
減価償却費
調査費　……etc.

私は新しい投資のスタート時は、まずは守りから入ることが大切だと考えています。不動産投資でも、これらの経費をきちんと把握した上で、まずは支出の面をしっかりと固めます。

その上で、キャッシュフローはあくまでもプラスを目指すものの、適切な赤字は許容範囲とし、（先述した）積立型保険とのバランスで採算を最適化するイメージでとらえます。そして、課税所得ベースでは不動産所得の赤字を給与所得に合算し、節税メリットを得るわけです。


けれども、不動産投資で赤字を出さないと節税にならないのなら、「結局損をしているのでは？」と考える方がおられるかもしれませんね。

実は不動産所得で赤字になっていても、多くの場合で、実際には損をしているわけではありません。その秘密が、不動産投資における「減価償却費」、「調査費」という経費にあります。

では、節税の面でも重要な意味を持つ、減価償却費について説明してみましょう。

「減価償却」を考えて、最初は少し郊外がいい？

減価償却とは、固定資産について法律で定められた耐用年数で分割して、費用計上する方法のことです。つまり不動産投資の場合、物件の購入にかかった費用を、使用可能な年月にわたって毎年費用計上する仕組みのことをいいます。

よく節税について、「経費で落とす」という言い方をすることがありますね。いかにも得をしたように聞こえますが、正しくは「使った費用が課税所得を下げる経費対象になる」というだけで、支払ったお金は自分の懐から消えています。支出となってお金は減っているわけです。

ところが減価償却費の場合は、その年度において、それ自体が実際に経費の支出がない、帳簿上の費用であるということ。つまり、実際のお金は一銭も出ていっていないのに、経費として計上できるという点に大きな意味があるのです。

実際の支出を伴わない、帳簿上の経費を漏れなく計上することで、キャッシュフローの悪化を抑えた赤字を作り出すことができるわけです。

たとえば、2000万円のマンション（建物価格1000万円）を購入して、その減価償却期間（＝税務上の使用可能な年数）が47年の場合、減価償却費は毎年約21万円ずつ発生し、47年にわたって費用計上します。

減価償却費の計算方法は下記となります。

建物価格1000万円÷耐用年数47年＝約21万円／年　となり、年間20万円の経費が計上できるわけです（厳密には設備15年と躯体47年等に分けて計上することになります）。

なお、減価償却費の対象となるのは、不動産の価格のうち、建物部分の価格だけです。土地は使用しても劣化することはありませんから、減価償却の対象にはならず、土地の価格については減価償却費を計上できません。

減価償却費の計上によって不動産所得を赤字化するのが不動産投資による節税のやり方ですが、ちなみに金融機関の評価としては、減価償却費はプラスのキャッシュフローとして見てくれますから、キャッシュフローが赤字評価ということにはなりません。この点でも、損益通算による節税メリットを安心して享受できることになります。

たとえば私が、渋谷区に3000万円超のワンルーム物件を買ったとき。1500万円が土地の価格ですから、1500万円、約半分が減価償却の対象になりました。

一方で、私がいちばん最初に買った物件は墨田区のワンルームマンションでしたが、建物価格の比率が高く、減価償却をより多く（50％超）取ることができました。

私は不動産投資をスタートする際、節税を主なモチベーションにしたこともあり、少し郊外よりの減価償却の高い物件をねらって購入しました。そして、節税メリットの取り方が分かってきた頃から、より資産性の高い都心部のプレミアム物件に移行していったのです。

若月りく初号案件～5号案件

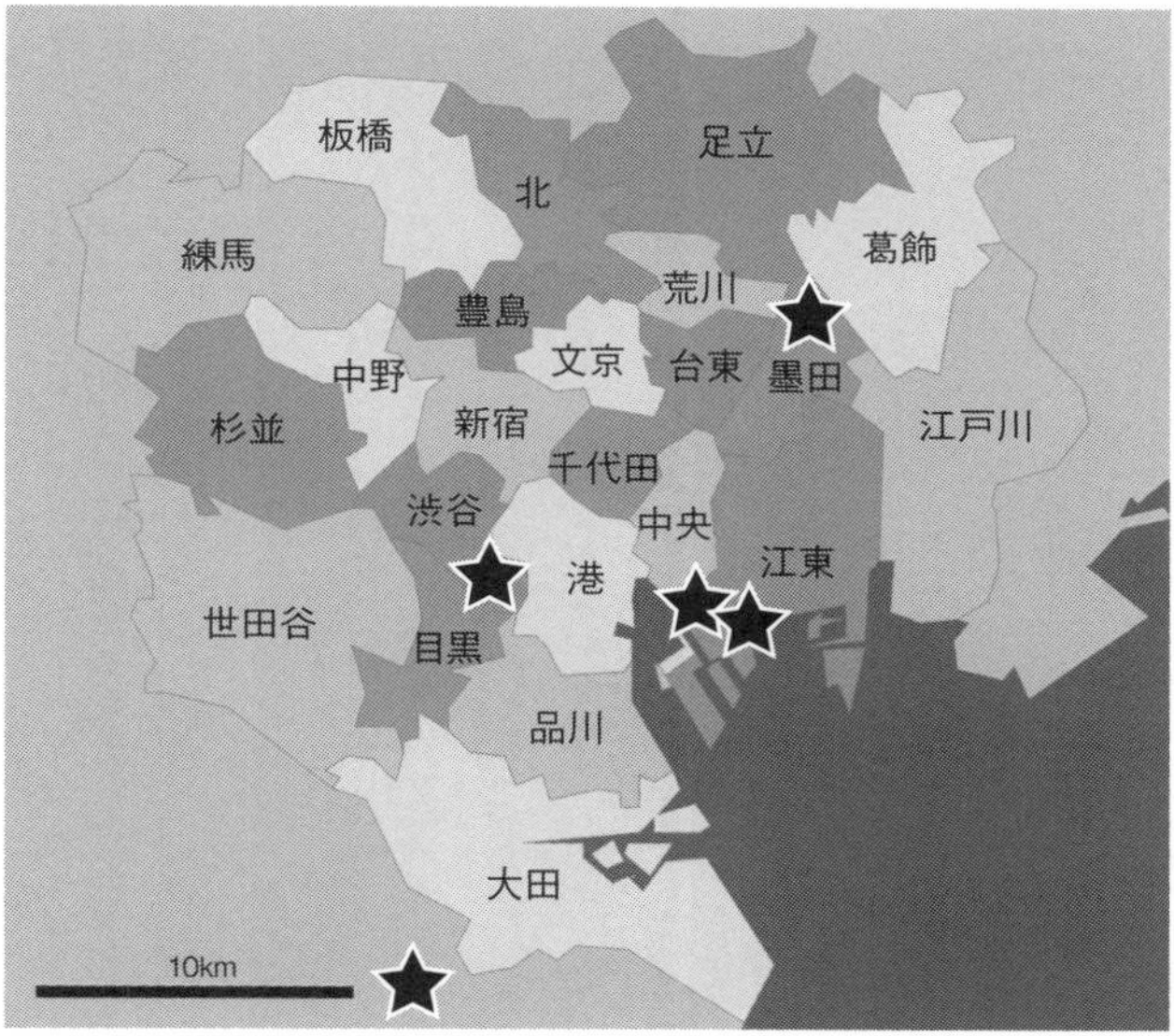

山手線の内側は前出の渋谷区の1案件のみで、基本的には都心部まで30分程度でアクセスできる便利かつ少し離れた地点を選定。

当初は節税重視の考え方で減価償却費の比率が高い山手線の外側の物件を選定し、それから資産価値を重視した投資として、港区や千代田区、中央区、文京区といった山手線の内側に寄せていく戦略を取っていきました。

つまり最初は、償却費優先、その後、資産性維持というディフェンス（資産防衛）から入ることを重視したというわけです。

資産運用や投資というと、とかく派手なゲインを求めがちになります。100万円で買って、600万に爆上がり！というホームランは気持ちのいいものですし、達成感や爽快感もあるでしょう。

けれども、資産形成は気持ち良さを追求するものではありません。派手さはないけれどもディフェンスが堅い資産運用が理想です。スポーツでもビジネスでも結局負けないのは、派手ではないけど堅牢さを備えた地味で手堅いものであることが往々にしてあります。

負けないがゆえに、長く安定的に勝負していける。その感覚を大事にすることが成功の秘訣だと私は考えます。

減価償却を加えることでしっかり赤字が取れて、損益通算で節税できる物件から始めることも、堅実な不動産投資術の一つのセオリーだと思います。

インフレに強いプレミアム・ワンルーム投資

2021年3月期のアメリカの消費者物価が、前月から0・6％増（前年同月比2・6％）と8年7カ月ぶりの大幅な上昇幅を記録したことで話題になりました。その後、4月には前年同月比4・2％の上昇を継続しています。

新型コロナウイルスの感染拡大が収まり、ワクチン接種の広がりや経済活動の再開、政府の大規模な経済対策などによって、脱コロナと景気回復のペースが加速している表れと見られています。

大幅な物価上昇で、急激なインフレにつながることが心配されているようで、実際にインフレ傾向にあるのだと思います。一方で、私自身は表現としては「インフレ懸念」というものを伝統的な物価上昇と考えることは正しくないと考えています。というのも、今回のインフレはむしろ貨幣価値が下がっているととらえているからです。

今回のコロナ禍で、世界の国々が莫大な財政出動を必要とされ、各国の中央銀行は大量に紙幣を刷ることを余儀なくされたと言われます。アメリカもその一つであり、反動として貨幣価値の下落を招きました。一方で、そうした政策による物価変動を嫌って、株式市場や金等のコモディティー、不動産、ビットコインなどにお金が向かったと言うことができるのです。

つまり、世のなかのインフレ懸念に対抗するには、価値を現金ではなく、モノで持つことであると言われます。その代表的な一つが、不動産であるわけです。

インフレが進行したときには、現金や預貯金などの金融資産は貨幣価値が下がることで、従来よりも目減りしていく可能性があります。

一方で不動産は、物価の上昇とともに、その価格が上がっていくことがしばしばあるのです。つまり不動産はインフレ下において資産価値が大きく下落することは考えにくく、資産価値が家賃上昇を伴って上昇していくことが期待できるわけです。不動産投資がインフレに強いと言われるのは、こうした原理原則があるからです。

逆にデフレが進行した場合には、不動産価値はおのずと下がっていくことになりますが、そのなかで「トップワン物件」は、影響を最小限に抑えることができます。これが、景気に左右されにくい、都心部プレミアム・ワンルーム投資の強みであり安定性なのです。

たとえば現在直面する、コロナ禍という社会問題。ただ、過去にも古くはスペイン風邪、近年はSARS（重症急性呼吸器症候群）もありました。けれどもそうした感染症が、不動産投資に関する市況において、短期的かつ一過性の影響はあっても、中長期的にはそれほど大きな脅威となったわけではありません。

今回の新型コロナウイルスも、瞬間的な賃料、土地価格の下落などが生じている部分はありますが、中長期的に見れば不動産投資において、それほど過敏に心配する必要はないものだと私はとらえています。

なぜ「2000万円隔年購入」で「5件物件取得」が効率的なのか？

私、若月りくが不動産投資を始めた動機は、いわゆる投機的な目的ではなく、たとえば節税であり、保険や貯金に代わるものであり、また相続についてのメリット（第7章で説明します）を意識したものでした。だからこそ、堅実な都心部プレミアム・ワンルーム投資に特化していったわけですが、同時に投資の上限を自らに設定しました。その金額が、1億円です。

これは、団体信用生命保険（団信）の補償の上限が1億円ということもありますが、リスクを抑えた堅実な投資であることを重視して設定したものです。

1億円を上限とするなら、ターゲットになる物件はおのずと絞られてきます。減価償却の話のところでも触れましたが、最初は都心の郊外をイメージして、一つ2000万円程度の物件なら5戸。それを隔年で購入しながら、資産の洗い替えの意味合いで保有期間10年ちょっとで売っていくことにしました。

つまり、「2000万円物件の隔年購入」で「5件物件取得」というものを自分の目指す姿として初期設定。いわば積立定期預金を作りながら、それを解約していくようなイメージで、中長期のプランとして自分の投資パターンを確立していったのです。

これは何も珍しいものではなく、金融投資における「ドルコスト平均法」の考え方に準じたものです。ドルコスト平均法とは、価格が変動する金融商品を常に一定の金額で、かつ時間を分散して定期的に買い続ける手法です。

たとえば10万円の投資を考えた場合、一度に購入するのではなく、毎月1万円ずつ10回に分けて購入していくという考え方。複数回に分けて投資することで時間的にリスク分散ができ、投資の初心者にとってもハードルの低い方法ということができます。これを不動産投資に当てはめるやり方で進めていきました。

私は、投資においては「相場は読み切れない」という謙虚な姿勢を持つことがつねに大事だと思っていますし、だからこそ計画性のある、自分なりの目指す姿を作ることが大切だと考えます。

必要に迫られて売るような売却ではなく、資産の規模が1億円に達したから、タイミングを見計らって、どれか一つを売却していこうか…といった計画性のなかで物件を見ていくわけです。

また、残債との差額を見たときに、利ザヤが自分の基準に達したときには売却を考える…といった考え方でもいいでしょう。私の場合も、300万もしくは500万以上の利ザヤが出る段階になれば売却することにして、着実に利益を積み上げていきました。


もちろん、自分が持つ物件のエリアに再開発などが入り、価格が上がって売却を考えるといった、想定外の相場変動が生じることもあります。けれども基本的には一定の金額で、かつ時間を分散して定期的に買い続けることを軸にしながら、売るときは自分のルールを決めてスパッと売却する。これが、私の考える不動産投資の大事なポイントの一つです。

こうした自由度の高い売却が可能になる、つまり売りたいときに確実に売れる「出口」の強さがあるのが、都心部プレミアム・ワンルーム投資です。その強みがあるからこそ、自分ならではの堅実な投資のセオリーが組み立てられると言えるのです

確実に賃貸需要がある「街」「場所」とは?

あなたがもし、単身で東京の街や、その他の都市部に住むことになったとしたら、どのような場所に住みたいですか?

それはきっと、さびれた郊外…などではないでしょう。通勤するオフィスがあればその圏内に住みたいでしょうし、仕事だけでなく、遊びや娯楽の要素がある程度そろって、交通の便が良いハブ駅周辺の住みやすさなどを求めるのではないでしょうか。

多くの人が住みたい場所は、やはり利便性の高い街であり、ビジネスもプライベートも豊かな生活が送れる街。そう考えると、やはり都心部や都市部のマンションは人気を集める物件ということになるのです。

こうした都心部にある物件、なかでも新築の投資マンションは、キャッシュフローを中心にした収益力はそれほど高くはありません。アセット自体の価値が高く、おのずと購入価格も高価になるからです。

その結果、表面利回りはどうしても落ちますが、その半面、経年での価値の下落が圧倒的に少なく、中長期的な視点で見ると収益力は低くはありません。

都心部プレミアム・ワンルーム投資の堅実的なメリットがそこにあることは、これまでも何度か説明してきましたが、その要因には物件自体の優秀さのほかに、価値の高い場所にあるという立地の利便性、優越性が多分にあるわけです。

物件を選ぶ際には、とかく建物のほうに目がいきがちですが、私は最も大事なのは周辺環境を含む「住環境」だと考えています。

大事なのはその街で暮らす、という切り口です。たとえば、街を丸ごと買う感覚で、物件の周辺環境へと視野を広げていきながら、街全体を見て選ぶこと。周りに何があるか、その街がどのような顔をしているか？ということを自分なりに見ていくわけです。

たとえば30年以上前なら、私は「工場のある街がおすすめです」、という言い方をしたかもしれません。けれども今の日本の経済を支えるのは、すでに製造業ではなくあらゆる業種のサービス業です。以前は工場がある街は、人の動きも活発で、街の新陳代謝も進みました。それが今では、商業やサービス業を主体に栄える街こそが、ポテンシャルのある場所だと言えるのです。

そうした大企業や、学校や大学のあるビジネスタウン、および文京的な場所。加えて生活の香りが程よく感じられるハイブリッドな街。そうした街づくりが為されているところが、価値の高い場所だと思います。

たとえば首都圏だけでなく、大阪や京都、名古屋もそうですし、福岡もそうでしょう。地域のなかで、そうした立地に建つプレミアム・ワンルームマンションは必ずあります。人やモノの新陳代謝が進み、時の淘汰を経ても人が集まり、長く活性化する街です。

福岡だと中州や博多駅から1駅くらい離れたところの住吉あたりでしょうか。大阪はキタやミナミの繁華街から10分圏内の場所、名古屋も名古屋駅の近くの街に優良なワンルームマンションは数多くあります。

東京都内であれば、恵比寿や五反田、大崎もしかりです。山手線の駅周辺か、山手線の円のなかであれば私はどこでもいいと思います。ちなみに価格については、全国の路線価がインターネットでも手軽に閲覧できますので、その相場感を身に付けておくと良いでしょう。

そして物件を探す上では、自分で目をつけた複数の街について、その情報に定期的に触れておくことも大事です。

たとえば、価値が高いと思う場所について、2～3カ月に一度くらいの感覚で定点観測をしていけばいい。新築物件で検索をして、間取りは25～35平米くらいで駅からおおよそ徒歩7分圏内。該当する物件があれば、実際に周辺を自分で歩いてみて、街全体をとらえながらキラリと光る何かを感じられればOKだと私は思います。

プレミアム・ワンルームマンションを見ていく際、街並みについてどう感じるかはとても大切です。建物と同じくらい、その街の顔を見る。「自分ならそこに住みたいか?」――自身の感性を信じて、価値の高い物件を見極めていきましょう。

どうして、買うのは簡単で売るのは難しいのか？

不動産の購入は、自分の採算基準に当てはまるものを粛々と購入するだけで良いのです。あえて誤解を恐れずに言えば、最初はだまされて買うくらいの感覚でもいいかもしれません。「お似合いですね」とブランドのTシャツをすすめられて、5000円くらいのTシャツを買ってしまうように、舞い上がって買うような感覚でもきっと良いのです。決して無責任な意味ではなく、思い切ってトライしてみれば良いと私は思います。

もちろん不動産投資はTシャツとは違いますが、2000万円でいいものを2100万円や2200万円で買ってしまうといったことはあるかも知れません。さすがに、極端な例かも知れませんが、超一等地を押さえるときは、それくらいのおおらかな気持ちで買っていいと思うわけです。

その反面、売るときは難しいというのが不動産投資の特性の一つです。当然ながら、不動産の売却は、売り出し価格の設定が高過ぎると市場での動きが止まってしまいます。つまりは、売れないのです。売却交渉をするのは少し経験が必要で、市場環境の良い、売り場と言われる時期は意外と短いもの。往々にして、後になって、「あれが売り場だったのか…」と分かるケースが多いと言えます。

不動産投資を考えるあなた自身がきっとそうであるように、物件の購入を検討している人は、数カ月前から他の物件の広告をはじめ、情報収集のためのアンテナを張っています。買主は、売主の想像以上に不動産の相場を把握していると思ったほうがいいでしょう。

安くすると、即座に売れます。反面、高いとまったく売れず、市場から放置されます。売り出し価格を不当に下げる必要はありませんが、高過ぎる価格設定は売れない原因となります。

逆に言えば、即座に売れるということは安過ぎたということでもあり、かといって売れ残る値段で長期的に市場にさらしておくのも憚られるもの。そのように売り方は難しいわけですが、一つの目安として3〜6カ月程度のリードタイムで売り切れる価格を見極めた上で、慎重な値段設定をすることが大事と言えるでしょう。


ちなみに今の東京都内は、コロナ禍とオリンピックに関連する「狼狽売り」というのもあり、売却価格は千差万別で、いっそう難しい面があるように思います。

東京の場合、2013年9月以降の不動産市場はオリンピック誘致決定の影響によって、価格は大きく変動することになりました。五輪招致前は2000万円で売れていたものが、オリンピック招致が決まったあとは、2100万円や2200万円以上で売れるようになったのです。

またオリンピック以外に、都内の再開発についても同様です。池袋の旧区庁舎界隈や、高輪ゲートウェイの新駅関連など、新たな開発が進むことによる価格変動が生じています。

こうした何かのイベントがあると物件の価格が一気に上昇することもあり、「売り場」というのは非常に見極めが難しいと言えるのです。

あなたが買いたいと思う街に、再開発等の大イベントの予定はあるか？

このように不動産の価格は、周辺の環境や街の将来性によって大きく左右されることがあります。自分が持つ部屋があるマンションの目の前に新しい駅ができると、一気に街の様子が変わっていき、物販やサービスなどビジネスのニーズが生まれ、不動産価格や賃料は必然的に上がっていきます。買ったときの価格や賃料以上の価値を、その不動産が持つことになるわけです。

つまり不動産は、物件を買うという感覚以上に、立地する「場所を買う」ことでもあるわけで、近い将来、再開発などの外的要因が購入する物件の周辺にあるのかどうかも事前にチェックしておくほうが良いでしょう。

大事なのは、環境が変わる外的な要因や世のなかのトレンドを把握しながら、街や物件に関する見方を誤らないこと。そうした視点は信頼できる不動産営業マンの情報なども参考にすべきで、総合的な判断のなかで「売り場」を決めていく必要があると言えます。

たとえば、買った物件の周辺や街のなかに、この先に再開発等の街を変えるようなイベントの予定はあるか？ ということも欠かせない視点です。

分かりやすい例では、東京スカイツリーは２０１２年に墨田区押上に完成しましたが、路線価の比較において、ツリー周辺エリアの土地価格は２０１１年から急激に上がっています。２００８年のリーマン・ショックを契機に沈んでいた都内の土地価格のなかでも、スカイツリーの完成を機に、同エリアは一気にV字回復を為しているのです。（参照：「東京スカイツリーの立地に伴う近隣地域の地価及び土地利用の変化に関する分析」http://library.jsce.or.jp/jsce/open/00897/2013/B42D.pdf）

ちなみに、東京スカイツリーが現在の場所に建設されることが最終的に決まったのが２００６年です。墨田区エリアが最終候補として残ったのはさらに数年前。イベントに関するこうした動きを注視しながら、どの段階を売り場にするのかを見据えつつ、最も効果的な売却のタイミングを明確にしていくことが大事です。

こうした土地価格の変動の見極めには、やはりインターネットの情報を定期的にチェックしておくことが必要でしょう。

公示価格の発表などを待っていては情報として遅いですから、リアルタイムで把握できるネットの情報をキャッチしていくのがおすすめ。たとえば自分が買いたいと考える場所にある、同じグレードやタイプのマンションの価格を、定点観測のようにチェックしていくと良いと思います。

年に1回でも2回でも構いません。たとえば盆と正月などの時間のあるときに、不動産投資や収益物件の情報サイトである「健美家」や「ＳＵＭＯ（スーモ）」「ホームズ」などのサイトで価格を定点観測していくと良いでしょう。株式やＦＸのように、株価や為替を毎日チェックする必要はありません。あくまでも時間的余裕を持ちながら、ゆったりでいいのです。

持っている不動産を売るのであれば、10万円でも20万円でも高い額で売れたほうがいいに決まっています。

少しの意識と努力で、誰もが可能になるのが不動産投資のキャピタルゲインであり、ぜひ少しでも多くの利益を得るために、できる努力はしてほしいと思います。

こうした意識付けや努力は、購入についても同じことです。普段から情報を入れていくという姿勢はやはり大事です。ポスティングのチラシにだって目を通しておくべきで、わずらわしい、と捨てるべきではありません。

当たり前のことですが、ポスティングのチラシが出てくるというのは、その物件があなたの住む近くのエリアに展開されるということ。また、あなたのもとに届くDMは、少なくともあなたにその情報を知らせたいと考える人がいるわけです。こうしたせっかくの情報を、むげにする必要はないのです。

不動産営業のセールス電話があなたの携帯に唐突にかかってきても、すぐに邪険にせず、最初の1分間は話の入り口を聞いてみましょう。煩わしい説明はさえぎって、エリアの価格情報について尋ねてみるといいのです。相手がデキる営業マンであれば、貴重なマーケット情報が得られることがあります。

あなたが不動産の情報について、自分から時間を割いて、ガツガツと情報を獲りにいく必要はありません。本業が忙しいサラリーマンや自営の方、専門士業の方は、そんなことに手を取られる時間はないのですから。

しかし、来るものは拒まず、です。その姿勢は大事にして、あなたの味方である不動産営業マンと上手に付き合いながら、効果的に情報をリサーチしていくことを心がけていきましょう。

融資をしてくれる金融機関にも序列がある？

本書のテーマの一つである「レバレッジ名刺術」でカギを握るのは、言うまでもなく金融機関からの融資です。名刺の力で金融機関から融資を取り付け、自己資金はほぼゼロでプレミアム・ワンルームマンションを購入するのが基本スキームだからです。

金融機関へのアプローチなしに、不動産投資はスタートできません。では不動産投資を始めようとする際に、いきなり銀行にアポイントを申し込むのでしょうか？

答えはNOです。いかに勇気を振り絞って、何の関係もない金融機関にいきなり融資相談を持ち掛けても、そのほとんどが断られる結果になるでしょう。

金融機関に融資相談をアプローチしたい場合、何らかのコネクションを利用することは絶対条件です。

もちろん、あなた自身に豊富な取引実績を持つ金融機関があり、融資のハードルが最初から低い属性にあるのなら、そのまま融資相談をすれば良いでしょう。けれどもそうでない場合には、その銀行に有力な関係性を持つ誰かの紹介が必要です。

そうしたとき、銀行を中心とした金融機関には、融資を引き出す際の難易度におのずと差があります。

いわゆるメガバンクは、極めて困難であることは間違いありません。先祖代々からの地主など所有不動産がある場合は別ですが、一般的な顧客の不動産投資には、多くの場合メガバンクはほぼ手を出さないと思われます。

ちなみに、金融機関を融資の難易度の高い順に挙げると（あくまで一般論ですが）、メガバンク、都市部の地方銀行、地方銀行、第二地方銀行、信用金庫・信用組合、そして信販系金融機関ということになるでしょうか。

私のメインバンクもそうなのですが、推奨されるのは、都市部の地方銀行のカテゴリーに属する金融機関ではないかと思います。

具体的な銀行名は避けますが、首都圏に位置する、都市部を地場にする地方銀行は、不動産投資に関する融資に積極的なところが多くあります。その銀行にすでに一定の口座預金を持っていたりすると、おのずと評価も高くなるでしょう。

また、都市部の地銀や地方銀行、第二地銀は、不動産投資に関する銀行同士の融資競争が活発ですから、ユーザーにとって良い条件を獲得していきやすい面もあります。

ただし、こうした銀行融資の扉を自ら開くのは、初めて不動産投資を行う人にとって、難易度は非常に高いと言わざるを得ません。

その点、本書で想定するプレミアム・ワンルーム投資には、実際にこうした銀行に融資相談を持ち掛け、自分で交渉していくようなシチュエーションはほぼないと考えてくださいね。

不動産デベロッパーから投資用マンションを購入する際には多くの場合、前述したように、提携する金融機関の融資ローンが付帯されています。それを利用するほうが圧倒的に現実的で、誰でもスムーズに不動産投資を始めることができるのです。

提携ローンが組めるということは、その物件を金融機関が評価している証しであり、堅実で安心感の持てる物件であることの証左と言えます。また、そのデベロッパーに対して金融機関が融資取引をしているという事実も、販売のスキーム自体が信用に値することを示しているものです。

初めての不動産投資の場合はなおさら、自ら銀行に融資交渉をするのではなく、こうした不動産提携ローンの活用を考えたほうが無難でしょう。そこで確かな実績を作ったあとのステップとして、新たな金融機関の開拓を考えていくことをおすすめします。

不動産投資の成否は「担当者」で決まる

不動産投資というのは当たり前の話、物件が手に入らなければ何も始まりません。いくら融資が通る手堅い属性があっても、立地条件に優れた価値の高い物件が得られなければ、まったく意味がないのです。

ましてや、都心部の新築プレミアム・ワンルームマンションは、当然ながら極めて人気の高い物件です。こうした優良物件は、市場に出てもすぐに売れて無くなってしまいます。

そのため大事なのは、不動産会社の営業マンと信頼関係を構築し、あなた自身が、優れた物件の耳寄りな情報が出てくれば、即座に提供してもらえるような存在になることです。

「ローンキャンセルが出ました！」といったときに、あなたが不動産業者の担当者に一番に教えてもらえるようなら、投資はもう成功したようなものです。

つまり、「不動産投資の成否は不動産の担当者によって決まる」ということを、あなた自身が強く認識することが大切というわけです。


投資用物件の開発・販売を手掛ける不動産デベロッパーの担当者が、あなたのことをどのように見ているかは、実はとても重要です。

その担当者は、あなたのことをイヤな顧客だと思ったら、おそらく有益な情報を提供しようともしてくれないでしょうし、値引きなどの条件提示も期待できません。

デベロッパーの営業マンは平身低頭のように見えますが、一方で（良い意味で）ちゃんと顧客（みなさん）のことを見ています。好ましくない顧客だと思ったら良い物件は紹介しませんし、自分の権限で10万円や20万円の値引き幅を持っていても、積極的には提示しないものです。これは不動産業にかぎらず、人と人の付き合いである営業の世界ではごく当たり前のことでしょう。

不動産物件は、誰が買っても金額や利回りは変わりません。だからこそ、その物件を誰に販売するかは、担当する営業マンの思いやさじかげん一つなのです。

複数いる顧客のなかで、あなたは担当者にとって、何番目の顧客でしょうか。すぐに優良物件を紹介してくれる良好な間柄でしょうか？　だからこそ、不動産会社の担当者との関係性はすごく大事なのです。

ちなみに私が不動産会社の営業マンと付き合う上でつねに大事にしているのは、自分が彼らにとって有益な存在であり続けるために、全力で頑張るということです。

「こちらが客なのに、そんな無理をする必要がある？」と考えるのはナンセンスです。彼ら営業マンは、あなたの不動産投資の成否のカギを握る、大切なパートナーであることをぜひ認識してください。

営業マンのことを信頼しているメッセージを投げかけ、「さすがは○○さんだ。確かにとてもいい物件だね。でも利回り4％はちょっとね。もう0．1％でも上がれば決めるよ」と、担当者の仕事ぶりを評価しながら、一方で条件を明確にします。

話が早くシンプルな顧客だと認識してもらうことは、不動産の営業マンに与える印象として大事で、「決断が素早く、有益な話ができる顧客」であることを相手に示せば、「信頼できるオーナー」という認識を高めてくれます。そうやって強い営業マンを味方につけていくことも、都心部ワンルームマンション投資を成功させる重要な要素となるわけです。

実は私は、東京・江東区の豊洲という街はもともと興味がなく、マンション投資の候補地に入っていませんでした。

ところが2012年の頃でしょうか。あるデベロッパーの営業マンが、「豊洲はおすすめですよ」と具体的な話を持ってきてくれたのです。

「オリンピックが東京に誘致されるかも知れません。また、オリンピックの開催を受け、東陽町と豊洲の間にメトロの新駅が建設される構想があり、この物件の下あたりにできる可能性が高いです。今後の大きな再開発が期待できますから、ワンルームマンションは2戸くらい持っておいたほうがいいです」と明確なアドバイスをくれました。

信頼できる営業マンだったこともあり、早速2件を購入。その後、アドバイス通りに資産価値が増大したことは言うまでもありません。

街の成長性をしっかりと見通し、今はこうだけれど、この先はこうなります、というビジョンを描いて物件を紹介してくれる。こうした営業マンは、積極的に味方につけていくことを考えるべきでしょう。

第5章

失敗しない不動産投資！若月流「7つのルール」とは？

ルール①

買うなら新築！中古マンションの涙ぐましい努力⁉

これまで、「都心部プレミアム・ワンルーム投資」のメリットについて様々な角度から説明してきましたが、ここであらためて、私、若月りくが考える「不動産投資で失敗しないためのルール」を7つに絞って紹介してみましょう。

ひと口に不動産投資といっても、その目的によってパターンや種類は違ってきます。

たとえば資産を大きくすることが第一の目的であれば、いちばんに利回りを重視した物件に投資する方法が考えられます。利回りを追求するのであれば、都心よりも郊外に立地し、新築よりも築年数の経っている中古物件が主な対象となりますが、一方でこうした物件は不動産担保評価が低くなりがちというリスクがあります。

本書で紹介している「都心部プレミアム・ワンルーム投資」は、同じように自己資金はできるだけ小さくするものの、借入金を積極的に組み入れた資金計画によって、不動産担保評価の高く、資産価値が維持されやすい優良物件を購入することをすすめるものです。

あえて資産価値が高く維持されやすい物件を所有することで、「貯金」や「保険」といった意味合いで不動産投資をとらえる堅実な投資法になります。利益を大きくすることよりも、本業の一方で副次的な経済的余裕を得ようという、安定志向を重視した低リスクの戦略なのです。

そうした目的に立ったとき、資産価値が高く、空室リスクができるだけ低くなる物件は、年数の経った中古のマンションではありません。都心部の、しかも新築のプレミアムマンションということになるわけです。


一方、中古マンションは、努力しなければ資産価値が維持されません。経年劣化や、時代の変遷による設備の陳腐化、それに伴う内装コストの増加や、管理費・修繕積立金の上昇もあります。物件の老朽化に対するコストは必ず上がっていくのです。

なかには、販売時に見かけ上のキャッシュフローを出すために、管理費や修繕積立金を明らかに安くした見積もりを出す不動産業者もいますから注意が必要ですが、裏返せばそんなことをしなければならないほど、当初の算定よりもコストが上がっていく構造があるわけです。


ちなみに、私が知っている中古物件のオーナーは、ずっと涙ぐましい努力をしています。床を無垢のフローリングにしたり、壁一面をホワイトボードにしたり、なかには台所におしゃれなバーカウンターを作った人も…。ターゲットとする居住者を意識して、彼らが好むような空間作りにいつも頭を痛めているのです。

こうした状況を生んでしまうのは、もちろんコストの面でもダメージになりますが、それ以上に、効果的なメンテナンスや、手入れをしていくための労力や時間的な負担が自身に大きくのしかかります。

本業の傍らで副次的に行う、負荷のかからない投資法を推奨する立場からすれば、そうした「手間」が生じてしまう時点で、すでに当初の時間的余裕を獲得する計画から逸脱してしまうものになるので、私自身の感覚からすると、「失敗」とさえ言っていいものなのです。

その点、プレミアム・ワンルーム投資ならば、こうした手間はほとんど必要ありません。要るのは、入居者が退去する際の原状回復工事で壁紙を張り替えることくらいで、オーナーは何の心配も懸念もなく、すべて業者に任せておけば終わってしまうレベルです。

そして新築ワンルームは言うまでもなく、手垢のついていないまっさらな清潔感があります。退去後もすぐに新しい入居者を呼び込める、トリガーポイントになり得るのです。

中古物件の場合はもう一つ、マンションの根本的な仕様の面で、新築とは異なる点があります。たとえば、80年代後半からのバブルの頃は、とにかく販売物件の数を稼ぎたいという狙いから、9～10平米の狭小な物件が続々とできあがりました。壁が薄く隣人の声が普通に聞こえてくるような粗悪な部屋が数多く作られ、今も中古物件として流通しています。

現在であれば、たとえば東京都23区内だと、専有面積20～25平米以下のワンルーム物件は作れない…といった条例を定める区が多くあります。古い物件を買ってしまうと、広さや間取りの構造が今の基準に合致しないことがあるのです。

設備の不備はリノベーションで解決できますが、構造的なマイナス面はどうしようもありません。
こうした点でも、新築プレミアムの安心感は大きなものがあると言えるでしょう。

ルール②
「マーケットリンク」よりも「コストリンク」を重視しよう

新築物件と中古物件の違いを考えるときに、「コストリンク」と「マーケットリンク」によるリスクの違いがあることに目配りする必要があります。耳慣れない表現だと思いますので、少し説明を続けさせていただきます。

新築の物件は、あくまでも「コストリンク」で買うものです。
マンションなどの不動産物件は、業者が土地を仕入れて建物を建て、営業経費や広告宣伝費を加味して販売していきます。「コストリンク」による物件の価格は、そのプロセスにおける経費を積み上げ、そこに利益を乗せて設定されたもの。あくまでも、かかったコストに紐づけて設定された価格で購入するものです。

いっぽう中古物件は、「マーケットリンク」で買うことになります。これは「コストリンク」とは趣が異なり、あくまでも現在の市場における価値が測られ、価格付けがされるものです。

たとえば、自動車などでイメージしてもらえば分かりやすいかもしれません。

新車だと200万円のクルマが、中古車販売店では100万円に減価されて店頭に並んでいますね。これは、クルマの年式や車種、状態などを総合的に見た上で、現在のマーケットに沿ったなかで価格を設定して販売するため。どちらかというと、クルマの絶対的な価値よりも、市場での需給バランスに基づく評価によって価格が決められるものです。

そう考えれば、やや乱暴にはなりますが、不動産の中古物件の価格は、その建物の価値を忠実に表すよりも、市場の価格相場を反映したなかでの設定が為されていると言えるもの。つまり、物件の資産価値そのものについては計りにくい面が多分にあるということなのです。

ただし、「マーケットリンク」による価格で販売される中古物件の場合でも、投資用に購入して得をするケースはあります。それは、経済的な価値の減価の仕方よりも、マーケットによる価格の設定が低いところにあり、なおかつ市場参加者がローンを組み辛い状況にあるときです。

けれども、中古マンションにおいてそうした現象が起こるのは、非常にかぎられたシチュエーションにおいてです。

それは第1章で説明したように、2つの奇跡が重なったとき。最初にその物件を買った人が、所有をあきらめ泣く泣く手放すという最初の奇跡。さらに購入した不動産業者が良心的で、新築から減価償却するよりもさらに下の価格で売りに出すという奇跡。この2つが、図らずも同じ物件で重なったときなのです。

「マーケットリンク」において、こうしたミラクルが重なるケースはそうそう起こるものではありません。裏返せば、利益が出ない形であるにも関わらず販売されているような物件には、なにか特殊な事情があるとも言えそうです。

「マーケットリンク」で買う中古物件の場合は、表に出てこない隠れた事情があることも実は少なくありません。もちろん、疑心暗鬼になり過ぎるのは良くありませんが、ここで言いたいのは次の事実です。

「コストリンク」で買う新築物件は価格設定が明快で、資産価値をそのまま表すものとして、不必要なコストがなく購入できるということなのです。

ルール③
「空室」の恐怖を最小化するトップワン物件にこだわる

不動産投資において、最も懸念されるのが「空室リスク」です。空室リスクとは文字通り、所有するマンションが空室になり、賃料が入らない状態になることです。

マンション投資のリスクには、金利上昇リスクや家賃下落リスク、空室リスクなどがありますが、なかでも空室リスクは機会損失でもあり、二度と取り戻せないので、影響が大きくなる可能性が高いもの。不動産投資に危うさを感じて二の足を踏む人の多くが、このリスクを理由に挙げることは少なくないようです。

けれども、先に結論を書きましょう。私がこれまで所有してきた不動産のなかで、空室が顕在化した事例は事実上、ゼロといっていいものです。

よく不動産業者は、「稼働率95％」といった数字を喧伝していることがあります。実績を聞いたときに稼働率の定義に違和感を覚えることもありますが、この場合、逆に空室率は5％という事になります。５％ということは1年３６５日のうち約18日しか空かないということですが、私の物件の実績は、圧倒的にそれ以下です。

一般的な賃貸契約期間2年のうち、契約満了時のタイミングや中途時による退去時に1カ月程度の空室が生じるのは標準です。当然、賃借者の入れ替わりが生じると、原状回復のクリーニングが入って1カ月程度は空くことになるからです。そうしたなかでも、私の物件で過去に1カ月以上空いたという例は、ピーク時7年にわたって12室（別途、住宅を保有）の不動産物件を動かしてきたうちの、わずか2例に過ぎないのです。その後も、２０２1年に1例だけ1ヵ月超の空室を経験したに留まり、12年間のワンルーム投資歴で3例にすぎません。

その理由は何か？　答えは簡単です。空室リスクを限りなくゼロに近づける周辺環境に立地するトップワン物件だからです。空室の告知をすれば、あっという間に入居者が決まることから、入れ替わりのインターバルがほぼありません。加えて部屋が空くということ自体が非常にまれですから、稼働率99％という物件もざらなのです。直近（２０２１年４月）には、退去日、翌日クリーニング、その翌日に入居という空室１日という新記録を樹立しました。

プレミアムな物件を買うことで、勝手に部屋は埋まります。優良なトップワン物件を見極め、確実に募集、管理していくことが、最大最強の空室対策になり得るわけです。

ちなみに私は、空室となってしまう、入居者が替わるインターバル期間をできるだけ短くするために、いつも賃貸管理会社に直接働きかけます。

空室期間が、家賃収入にダイレクトに影響するわけですから、空室が１カ月になるのか半月になるのかで、収益には大きな影響が生じます。管理会社の多くは、何も言わなければ標準的な自社の業務フローに沿って仕事をすることが多いだけに、積極的に働きかけることが大事なのです。

たとえば、入居者の賃貸契約における退去予定日はあらかじめ設定されていますが、予定された当日に出ることはまれで、ふつうは前の週末などに鍵の返却を終えるケースが多くあります。もしも退去予定日より前に出るのが決まっていれば、了解を得た上で、「先にクリーニングを入れさせてほしい」と事前に調整するのです。そうやって、実際に空室になる期間を１週間や２週間前倒しできます。

そうした細かさで、空室期間のリスクをできるだけ抑えることを考えます。そこまで徹底してくれる管理会社はなかなかありませんから、優良な賃貸管理会社を選ぶか、自分で働きかけることが大切なのです。

こう書くと、「管理にけっこう手間が生じるのでは？」と思いがちかもしれませんが、実際にはそんなことはありません。管理会社に趣旨をきちんと伝え、手配を依頼する電話を1本入れるだけOK。オーナーが指示さえすれば、あとは管理会社がすべてやってくれますから、オーナー自身の手間などほとんどかからないのです。

最後にトップワン物件に該当しそうな「立地」について、もう少し見ていきましょう。

昼間人口（職場）が多く、夜間人口が少ない場所は、潜在的にワンルームマンション等の住宅の需要が高い地域です。東京であれば、やはり港区や中央区、千代田区といったエリアがそれに当てはまります。

ワンルーム物件の対象ユーザーとなるビジネスマンや学生は、遠路の通勤・通学はしたくありませんから、職場や学校に近い場所を住まいとしたのは当たり前でしょう。そのため、昼間人口の多い場所に人気が集まるのは必然なのです。

そうした昼と夜の「街の顔」を最初にチェックし、自分がユーザーになったつもりで物件の周辺環境を見ていきます。

視覚はもちろん、聴覚や嗅覚を働かせ、騒音や臭いといったリスクもチェックすべき。一度は実際に現地に足を運び、物件の良し悪しを自分の五感を総動員して確かめておきましょう。

ルール④

複数路線を持つ駅から「徒歩7分以内」の物件に絞る

大手の不動産情報サイト「SUUMO（スーモ）」を運営するリクルート住まいカンパニーが、約15年前にユーザーに対する調査を実施したことがあります。

それまで、いわゆる「駅近」とは「徒歩10分以内」を指していたのが、このときの調査で「7分以内」と回答する人が多数を占めたことから、希望物件を検索する際の選択肢に「駅から7分以内」を加えたということです。

その時期あたりから、多くの不動産サイトが「7分以内」を物件案内の指標として重視するようになったようです。

本書で紹介している「トップワン物件」の入居者は、住まいを購入する際に、合わせて生活の利便性を購入することを求めていると言っていいでしょう。

「駅近」つまり「駅から7分以内」という物件条件をおのずと重視する人たちで、少しの家賃の差額よりも、駅近の利便性に重きを置く。ちょっとタクシーに乗ってしまった、くらいの感覚で、移動時間とコストとを正当化することができるわけです。

加えて、複数路線が乗り入れるターミナル駅だといっそうの付加価値になるのは言うまでもありません。複数の路線を自在に利用できるのは、通勤や通学はもちろん、旅行や出張などにもとても便利です。電車が止まった場合でも、他の路線を使って目的地へ向かうこともできます。

そのため、投資物件を購入する際には、「複数路線を持つ駅から7分以内」の条件は大事にすべきですし、都心部プレミアム・ワンルーム投資の成功ルールとして、しっかりと認識してほしい要素と言えます。

駅を基点にしたアクセスの良い好立地物件の希少性は、距離の2乗に比例していくことをご存知でしょうか。

駅を中心に、円を描くとしましょう。円の面積は半径の2乗×3・14、つまりπr（パイアール）の2乗です。学生時代に習って以来の公式ですかね!?（笑）不動産物件の表示法には「徒歩1分＝80メートル」という基準があり、徒歩7分だと560メートルになります。それを円の面積で表すと560メートルのπrの2乗で、約1000平方メートルがその圏内になるわけです。

さらに、それが15分圏内と、7分圏内の倍になったとき。面積は4倍の4・5平方キロメートルと一気に広がります。7分と15分の違いは2倍強に過ぎませんが、該当する徒歩圏内はこれだけの違いが生まれるのです。

駅の周辺には商店街や飲食店、娯楽施設が集中し、生活する上で利便性の高い街並みを形成しています。それが4倍のエリアに広がってしまうと、利便性は一気に低下してしまいます。プレミアム・ワンルーム物件としての価値も、大きく損なわれてしまうわけです。

そう考えても、都心部プレミアム・ワンルーム投資に該当する物件は、駅から徒歩7分圏内が目安。「駅から徒歩10分や15分でも大して変わらないだろう」といった安易な判断は禁物で、駅近の利便性という価値を重視しながら、妥協なく物件の選定を進めてほしいと思います。

念のため、一つ補足しておきます。駅から徒歩7分圏内であっても、それが2~3分という近過ぎる距離感になってくると話が少し違ってきます。

都心部であればあるほど、駅の周辺は商業施設の入るビルがほとんどで、居住用の賃貸物件はそれほど多くないのが普通です。

物件の平米単価もおのずと高くなりますが、こうした物件については、企業のオフィス用としてのニーズが顕在化してきます。このように、立地に合わせた入居者のターゲティングを行い、投資用物件の購入を考えていくことも大切なセオリーの一つと言えるでしょう。

もう一つの例外が、東京の山手線、大阪の環状線の内側の様な超好立地になります。一つの駅に近すぎる事は、他方の駅から遠ざかる事に繋がり、複数の駅の真ん中ぐらいの立地が、目的地に合わせて利用する駅の選択肢を広げ、駅前の喧騒から少しだけ距離を置ける住環境に適した立地である事が多いです。少し目線を上げて、高属性の入居者の感覚を持つ事も大事になってくるケースになります、ご参考まで、頭の片隅に残しておいて下さい。

ルール⑤ 「12年以内」の売却を意識していくと良い

私は前の章で、自分の目指す姿として「2000万円物件の隔年購入」と「5件の物件取得」をルール化しようと考えた…と紹介しました。

つまり、2000万円程度の物件5戸を隔年で購入しながら、資産の洗い替えの意味合いで10年ちょっとの保有期間で随時売っていくという当初計画です。

この「10年保有」の設定には、もう一つの理由があります。

一般的なマンション（鉄骨鉄筋コンクリート造・鉄筋コンクリート造）は47年が償却期間となっていて、その期間までは35年ローンを組むことが可能です。ということは、新築のマンションを買って「12年以内」に売却すれば、次に買った人は35年ローンをほぼ間違いなく組めることになるわけです。

そのため私は、物件を購入した際には12年以内に売却するよう意識していくことを、自身のルールの一つに加えました。つまり、「次の人が買いやすいように売る」ことを意識しようと考えたのです。

次に買う人のことまで考えて、物件を売る時期を決める必要があるのか？　読んだ方はそう思うかもしれませんね。けれども、次の人が買いやすい、というのはイコール、扱う不動産業者が「売りやすい」ということです。

そこに紐づくのが、前の章でも説明した、私が心がけてきた不動産投資のポリシーなのです。つまり、「自分が不動産業者にとって、有益な存在であり続けること」。不動産の営業マンが喜ぶ提案をすれば、ひいてはそれが自分に跳ね返ってきます。自分が営業マンに優良な新築物件を紹介してもらえる源泉になるわけです。

こうやって不動産の営業マンとW-I-N-W-I-Nの関係を作るのが、失敗しない不動産投資の秘訣であり、成功するために必要な、いたってシンプルな考え方だと言えるのです。

その意味では、あなたが不動産サイトなどで物件を探すとき、見ているマーケットにおいて、新築から「12年落ち」の中古物件を検索するのも面白い手法の一つと言えるかもしれません。

たとえば、あなたが2000万円の新築物件を買おうと思っているマーケットで、12年落ちの物件の価格が1800万円で出ているとしましょう。そして、12年が経った後のあなたの残債予定が1600万円であるとしたら、200万円ほどが利ザヤとして稼げる…という見通しの把握ができるわけです。

中古の物件情報を見るときには、新築のプレミアム物件を購入するための参考値としての見方をしていくのもまた、面白いと思います。

プレミアム・ワンルーム投資の成功ルールを説明するために、「アパート1棟買い」との違いについて説明してみましょう。

プレミアム・ワンルーム投資は、利回りを中心とした月次の収益性は薄くとも、プラスのキャッシュフローを層状に重ねていくイメージで、堅実性と確実性のある安定型の投資法です。複数の物件を持ちながら、売却対象案件やタイミングを適切に選択でき、定期預金を解約するかのごとく売却することで利益確定ができます。

ルール⑥ 経済感覚に狂いが生じるような投資の成果は望まない

いっぽうで、私が考える1棟買い物件の一番のデメリットは、売却によりキャッシュフローが一気に無くなってしまう点です。

ワンルームマンションを複数所有する投資方法であれば、10～12年ごとに売却を進めて、時機に応じてキャピタルゲインを得ながらインカムゲインを継続させることが可能です。ところが1棟買いの場合には、規模感が大きすぎて複数案件を同時に保有し続ける事が困難で、唯一の案件を売却すればその時点でキャッシュフローが一気に無くなるなど、不安定な推移をたどることになります。

キャッシュフローでも地点選定の観点からもAll or Nothing（オール オア ナッシング）で分散効果が効かず、売却すると月々のキャッシュフローがゼロになってしまう投資法は、やはりおすすめしません。

つねに5件か6件の物件を持っていれば、同時に数百万円もの定期預金を貯めていくイメージで、資産を持ち続けることができます。購入と売却のタイミングをうまく時間分散しながら、複数のワンルームマンションを持つ方法が堅実だと、私は思うのです。

これは不動産投資でよくあるケースなのですが、新築の物件を4～5戸買ったあと、次の投資先として、アパート1棟買いに移行するというパターンが見られます。

不動産投資のノウハウが何となく分かった気持ちになり、もう1ランク上の投資を実践してみたい…という欲が出る部分もあるでしょう。

たとえば、新築のアパート1棟は高価格で手がでなくても、中古であれば何とかなるのでは…と考えることがあるかもしれません。けれども、そこには往々にして落とし穴が待っているのです。

たとえば、5000万円クラスの中古物件のアパート1棟買いは失敗しやすい事例の一つで、とっつきやすさから中古物件のアパート1棟を買ったものの、投資した金額を家賃収入で回収することができず、結果的に損失のほうが大きくなってしまう…というケースがあり得ます。

さらに、損失を補おうと売却しようとしても、購入時よりもかなりの安値でしか売れないのが中古アパート物件の欠点です。「出口」についての戦略が描けず、売りたくても売れないという負のスパイラルに陥ってしまうことがある点で、注意が必要なのです。

ここで一つ、若干余談めいた話を付け加えましょう。

これは不動産の価値とは少し違う話ですが、アパート1棟を売却した際に大きなキャピタルゲインを得ることは、人間の心理として別のリスクを生む危険性があると、私は思います。

人間の行動や心理を一括りにはできませんが、本書の中心テーマが、サラリーマン属性の方にすすめたい堅実な不動産投資術であるのは確かなところです。

そうした属性のみなさんに、一度にドカンとキャピタルゲインのお金が入るような「成果」がもたらされることは、従来のライフスタイルを崩すことにもなりかねないのでは…？と懸念するわけです。

よく言うところの、宝くじが当たったことで不幸になる…といった、経済感覚の狂いが生じるような投資効果は歓迎しないというのが私の立ち位置です。

意図した月々のキャッシュフローを安定的に維持しつつ、一方で確実にお金が貯まっていく投資こそが目的なので、そこから大きく逸脱することは避けるべきでしょう。それも私が考える、失敗しない不動産投資のルールです。

ルール⑦

「アパート1棟買い」の高リスクに注意する

アパート1棟買いのリスクについて説明しましたが、実はこの方法は、実質利回りが高く、総収入額が大きいなど高い収益性が期待できる点で、不動産投資家の間では人気の高い投資対象でもあります。

1棟買いは土地と建物の規模が大きくなるため、おのずと取得費用が高くなります。たとえば山手線の内側のマーケットだと、4～5室の新築ワンルームアパートで1～1・5億の価格帯となるのはもっぱらで、投資のハードルがおのずと高くなるのです。

また高田馬場などの学生街であれば、6～8部屋の学生向けの新築物件で、家賃が月額6～7万くらいに設定できるところはありますが、さすがにその程度の小さな物件だと、利回りが低くローンが組みづらい可能性があります。

ローンが付帯されていても、土地だけが対象ということは多々あり、1億円の物件にも関わらず、頭金として約4000万を求められる例も少なくありません。

ちなみに、金融機関の審査基準は明示されませんから確実なことは言えませんが、審査が通りにくいと言われている物件のパターンは実際にあります。

建築基準法の接道義務の要件を満たしていない「再建築不可物件」であったり、「狭小地」であったりする場合もローン通過の難易度は高いと言われています。

もう少し説明すると、アパート1棟買いは、稼働率が高くなれば大きな収益が期待できるものの、稼働率が低くなれば当然、赤字リスクも大きくなります。

建物のリスク分散が効かない点で、何らかのネガティブ要因が生じるとすべての部屋がリスクにさらされ、複数の部屋が同時に空室になる状況だと収益が大きく落ちてしまうわけです。

同時に1棟買いの場合は、個別の入居者に関する連鎖的リスクも抱えることになります。入居者属性の悪い人が1人でも入ると、他の人がその属性に引きずられてしまい、アパート全体の住環境に影響を与え、結果的に利益が損なわれる懸念があります。

たとえば騒音やごみ捨て、家賃の滞納などのリスク要因を部屋の数だけ抱えることになるわけです。一方で10室以下であることから、管理者を常駐、高頻度で巡回させるほどのスケールメリットも見込めません。そうした点でも1棟買いのリスク、コストは高いといわざるを得ないでしょう。

なにも1棟買いのリスクばかりを強調したいわけではありませんが、本書で推奨している不動産投資は、決して難しいことをやろうとしているわけではなく、中身はいたってシンプルです。

不動産デベロッパーの担当者と上手に付き合い、名刺の力と都心部プレミアムの物件価値によって金融機関から融資を取り付け、高い資産価値をベースにした不動産投資で、ラクに経済的余裕と時間的余裕を追求していける――。そうしたシンプルさゆえに、誰でもイチから始められる不動産投資なのです。

だからこそ、ハイリスク・ハイリターンのアパート1棟買いでなく、ローリスク・ミドルリターンの都心部プレミアム・ワンルーム投資を推奨しています。

そしてワンルーム投資であっても、手堅く数を増やしていくことで、資産家といわれる領域までたどりつくのは十分に可能と言えるのです。

なかには、少し街から離れた学生街での小ぶりなアパートなどについて、1棟買いのメリットをアピールする不動産投資の指南書もあります。けれどもそうしたエリアには、先祖からの土地を持つ地主が、相続税対策などで建てたアパートがすでにけっこうあるのです。

それに対抗して1棟アパートを買うと、どういうことになるでしょうか。

結論から言って、地主が建てたアパートと競合しても、最初からなかなか勝ち目はありません。

地主は、もともと持っている土地の有効活用が目的ですから、建物だけの5000万の費用でアパートやマンションを建てることができます。そして空室を生まないために、月額7~8万円の家賃相場のところを、平気で6万円などの家賃設定で提供できるわけです。結果として、入居者がどちらの物件を選ぶかは言うまでもないでしょう。

その意味では、エリア特性をよく見極め、同じ場所にあるライバル物件が、どのような背景で建てられたものかに目を向けることも必要かもしれませんね。

若月流不動産投資なら老後の2000万円不足問題は怖くない

「老後資金が2000万円不足」というワードが注目を集めたことは、おそらく多くの方が記憶に新しいでしょう。金融庁が2019年6月に公表した金融審議会の市場ワーキング・グループが提出した報告書で取り上げられ、注目を集める結果になりました。

老後に2000万円が不足する…というのは、夫が65歳、妻が60歳の時点で夫婦ともに無職であり、30年後の夫95歳、妻90歳まで夫婦ともに元気であるとき、その間の家計収支が年金だけではまかなえず、毎月5・5万円の赤字の状態が続いたときの不足額を推計したものです。

つまり、〈月5・5万円×12カ月×30年〉の合計1980万円が不足する…との試算です。

さらに、月々5・5万円の赤字がさらに増えればそれだけマイナスの幅は広がり、2000万円では足りなくなることも容易に予想できます。

そのため、老後を見据えたなかで、個人レベルで何らかの資金の手当てを行うことが必須と言える状況なのです。

たとえば、30歳の読者の方が、ある場所に不動産投資の物件を購入し、35年後に融資ローンを完済する予定としましょう。

仮に35年後に、自分が買おうとしている場所の物件の販売価格がどのように変化しているのか、または変わっていないのか。それを知ることができれば、きっと有意義だと思います。

たとえば、金利3％で35年ローン、2000万円の物件を購入した場合、10年後には残債は1600万円のレベルになっています。そして、購入したマンションに10％の減価を見込んだとき、売買価格は1800万円になり、その時点で約200万円の粗利が期待できるわけです。

また、金利2％であれば、10年後の残債は1550万円レベルですから、10％の減価を見込んでも、約250万円の粗利が期待できるということです。

つまり、自分のリタイアに当てはまる将来の時期に、購入した物件の売買価格がいくらで取引されているのか。経年での減価を見込んだ上で、自分の残債と比較し、その時機に十分に利益が得られる算段が立てられれば、老後はまったく怖くはないでしょう。

「老後2000万円の不足」という不安を解消するためのあなたの安心資産として、都心部プレミアム・ワンルーム投資は確固たる役目を果たしてくれると思います。

第6章

「おいしい物件」を一番先に持ってきてもらうための秘訣

物件を買う前に、営業担当者の気持ちを買え！

誰もが「住みたい」と思うような優れた収益性物件をいかに取得するか。不動産投資の成否は、そこに集約されると言っても過言ではありません。

その点、本書が推奨する「都心部プレミアム・ワンルーム投資」であれば、物件の選定で大きく失敗することは考えにくいと言えます。

ただし、単に待っているだけで、優れた物件が向こうから歩いてやって来てくれるわけではありません。普段からの「街歩き」で物件探しのアンテナを張っておくことや、不動産投資専門のポータルサイトや収益物件専門業者のホームページ、全国の主たる不動産業者のサイトなどを定期的に見ながら、新築の都心部ワンルームマンションの情報にある程度触れていくことは必要と思います。

ただ、サラリーマンをはじめ、本来の仕事を持っている方は、物件のリサーチのために毎日、目を皿のようにしてＰＣやスマホの画面とにらめっこするわけにはいかないでしょう。きっと、そんな時間的余裕はないはずです。

そこで頼るべき存在なのが、不動産会社の営業マンです。耳寄りな優良物件の情報を持っているのは他でもない、彼ら不動産営業のプロたちです。

立地抜群の付加価値の高い、新築や築浅のワンルームマンションがあるというクリティカルな情報をもらえるのも営業マン次第。彼らを抜きにして、たまたまそうした情報に出会えることはまずありません。優れた物件は、広告に出す前に売り切れることが一般的です。営業マンが「自分の顧客に紹介したい」と我先にと販売を争うことさえあるのです。

だからこそ、いかに彼ら営業マンを味方につけることができるか。それが、優良物件取得のために欠かせない、必須のワザと言えます。

けれども彼ら営業のプロたちは、優良物件の情報について、顧客だからといって誰にでも案内してくれるわけではありません。もしあなたが「良い物件の情報があれば流してほしい」と担当の営業マンにお願いしていたとしても、一向に情報が送られてこないこともあります。

そんなときあなたは、「まったく！デキない営業マンだ！」と憤慨しますか？　そう考えてしまうなら、その時点ですでに、不動産投資成功への入口でつまずいていると言えます。

情報があなたの元にやって来ないのは、営業マンが怠慢だからではありません。あなたが、「買えない客」「買いそうにない客」だと判断されてしまっているからかも知れないのです。

不動産の営業マンにも、情報を案内する顧客に優先順位があります。「お客様は神様です」は昭和の大御所歌手が口にした有名なフレーズですが、あなたは決して、一神教の唯一神ではないのです。

営業マンは、実はお客様という「神」を選べる立場にあります。優良物件であればあるほど買い手はすぐにつくわけですから、あなたが業者を選ぶのではなく、あなたが業者にどう選ばれるかを考えるべきなのです。その点で勘違いをして、「こちらが客だ」とふんぞり返っていては、プレミアムな優良物件に出会えることはまずないと言えるでしょう。

かかりつけの不動産業者と仲良く、定期的に接点を持つこと。それが優良物件を取得するための必勝法の一つです。

営業マンも人間です。「出入りの業者」というスタンスで自分のことを必要以上に低く扱われると、誰でもいい気はしないでしょう。本書で紹介しているトップワン物件を扱う営業マンは、あなたにとっては営業マンではなく、大切にすべきビジネスパートナー、一流の不動産営業マンであるという認識をぜひ持ってほしいと思います。そして我々自身も、一流の顧客でいられるように謙虚に努力を積み重ねるべきだと思っています。

私も不動産投資のビギナーの頃、港区青山の優良物件を一足遅れで逃したことがありました。思わず不動産デベロッパーの担当営業マンに、「どうして先に情報を教えてくれなかったの!?」と愚痴ったことがあったのですが、そこには彼なりの理由がありました。明らかに価格が高騰して私の採算基準を逸脱していたことに加え、私よりも別の顧客を優先せざるを得ない理由があったのです。そのオチは、この物件は営業マン7人がじゃんけんをして、勝った営業マンが自分の顧客に案内した、という話でした（笑）

プレミアムな優良物件を取得したいのであれば、営業担当者に信頼され、なおかつビジネスパートナーとして好かれることが欠かせません。そのために全力で頑張ることが必要で、「自分はお客様」

と思った瞬間に失敗するということなのです。

不動産の営業マンに、「積極的に情報を流したい客」と思われるためには、意思疎通がスムーズにできる客であることを認識してもらうことが大事です。

「希望する条件を事前に明確に伝えておく」「検討はシンプルに」「レスポンスや意志決定は迅速に行う」といった点に留意し、営業マンに無用なストレスを感じさせない客であると印象付けることです。

加えて、営業マンの仕事や立場を尊重する気持ちを、自身の行動に落とし込んで、相手に伝えることも私はいつも心がけています。

たとえば不動産の営業マンはよく、「必要な書類をお持ちします」と言ってくれます。でも私は、「わざわざ来てくれなくて大丈夫。メールや郵送で送ってくれればいいから」と応えています。無論、「直接会って話をしたいのであれば、空いてる時間を案内するよ。書類は急がないし、言いたいことを電話で伝えてもらっても差し支えないよ」と。

営業マンが書類を持ってきてくれるだけで、彼は2~3時間をロスすることになります。そんな無駄は省き、本来の営業に専念したほうがいい、とお伝えするわけです。

相手の仕事の時間効率まで考えて対応することで、意気に感じてくれる営業マンもいるもの。普段から、情報をくれる大事な存在として尊重しながら付き合っていくことが大事で、そのことが巡り巡って自分の利益となって戻ってくるのです。

デキる営業マンを味方につける

一般的に営業マンの業績を評価する指標としては、売上や粗利金額等の目標の達成度や、受注件数目標の達成度が挙げられます。不動産営業の場合、売上金額の評価よりも、件数を重視する傾向にあるようです。

もちろん、すべての不動産会社がそうというわけではありませんが、粗利などの目標を問われるのはマネージャー職になってからで、それまではシンプルに件数を重視する営業スタイルであることが主流です。マンション一戸について1950万円の稟議書を書いて売ってくる営業マンよりも、定価の2000万円で売る営業マンのほうが会社にとって利益貢献度は高いと言えますが、それでも社内評価は同じ1件ということが多いようです。

不動産会社の営業マンはふつう、売値についてある程度の決裁権限を持たされています。

自分の投資判断基準やアセットの評価の仕方などに自信を持っている営業マンは、手応えのある顧客に対しては、ストンと金額を落として決めていきます。または、すぐに上司に電話をしてOKを取り付けます。

そんな優れた営業マンは、顧客の時間を奪うことはしませんし、簡潔な営業で話が早い、歓迎したい営業マンでもあり、結果的に値引きを即決してくれることも多々あります。または、あなたの主張が市場価格を逸脱して低価格だったり、営業方針としての採算規律を守れなかったりする場合は、即座にNOと答えてくれます。

「持ち帰って検討します」など、悩んで時間を浪費してしまう営業マンは顧客にとっても不幸ですし、営業マン自身にとってもマイナスなだけ。商談が成立しなければ、お互いに余計な時間とコストを費やすだけになってしまうのですから、判断は無駄なく早い方がいい。だから私は営業マンに対して、「来なくていい」「書類は送ってくれればいい」と言い、時間を有効に使おうという提案をするわけです。

「営業マンに選ばれる客になる」ことの必要性を前項で述べましたが、もちろん、顧客であるあなたが過剰に媚びへつらう必要などはありません。お互いの時間を無駄にしない、信頼できる営業マンであれば、自分の味方につけることを積極的に考えましょう、ということです。

そうした「営業マンを見る目」も、優良物件を確実に手にするために、あなたが養うべきノウハウの一つと言えるかもしれませんね。

無用な駆け引きはせず、指値で勝負する

実際に物件を購入するか否かを決めていく営業マンとの交渉場面で、私は端的に言って、まどろっこしい駆け引きはしません。

基本的にその物件を買うことを決めていれば、利回りも購入価格もいわゆる「指値」で、このくらいでどうか？　と単刀直入に伝える交渉をすることが多くあります。

営業マンである彼らはふつう、購入を決めてもらうために、顧客を説得しなければならない、というふうに考えています。けれども私はいつも、そんなスタンスは無用だという話を彼らにします。

顧客のなかには、いったん契約にＹＥＳと言ったあと、悩んだ結果、やっぱりＮＯ、という人だっています。そうしたプロセスすべてに、営業マンは時間もコストもかけているわけです。だから、私は彼らに言うのです。

「営業マンのあなたには、交渉過程での時間的コストが乗っているでしょ。それはきっと、お互いのためにならない。だからそれを節約していくために、シンプルな話をしよう」――それが、指値による無駄のない交渉であり、お互いのメリットにつながる商談というわけです。

お客によっては、「買おうか、どうしようか…」と延々2時間くらい迷い続ける人もいます。また、営業マンのことを業者だと思っている人は、「物件概要を細かくきちんと説明してくれ」と上から目線で言いがちです。「俺様が悩んでいるのだから、それに付き合え」とでも言いたげに、ダラダラと

悩み続ける顧客は少なくない様です。意思決定して契約書を締結した後に、クーリングオフを申し入れてくる顧客までいるようです。

私はそうした行動はナンセンスだと思いますし、そんなプロセスは優良物件を取得する上で、つまりあなたにとって、決してプラスにならないことをぜひ知ってほしいのです。

販売コストには、このようなコストも加算されているわけですから、即断即決・ノークレームの私は内部コストが安い分、小さな値下げは許容されやすいと自負しています。その結果、お互いに気持ちの良い効率的な契約が成立するのです。

繰り返しますが、不動産投資は、不動産会社の営業マンからの紹介なしには成立しません。自分で所有者を特定して交渉することなど、一般のサラリーマンにできる芸当ではないのですから……。

そして、優良物件の紹介を優先順位の高いなかで受けるには、自分が欲しいと考えている物件の情報を仕入れ、担当者との有益なQ&Aが成立するような努力をしましょう。

つまり、担当の営業マンを大切なビジネスパートナーととらえ、できるかぎりシンプルな話ができるよう、あなたの希望（エリア、築年数、設備仕様等の条件）や投資のイメージ（規模感、採算、金利・融資額等の条件）を確立させておくことが大切なのです。

具体的には、興味のある物件があれば、最低1回は事前に現地を確認しておきましょう。そして物件について聞きたいことを、あらためて不動産の担当者にぶつけます。購入に対する姿勢が前向きかつ具体的なものであることを、担当者に理解しておいてもらうのです。

そうやって、目の前の物件に対する知識や意欲があることを、営業担当者に認識してもらうことも、不動産投資のスタートを成功させるために必要な要素の一つなのです。

「ポンコツ」物件をつかまされないための質問は？

「新築の都心部プレミアム・ワンルーム物件に外れナシ」というなかでも、投資対象として、より低リスクの物件を取得するにはどうすれば良いか。優良物件の度合いを見極めるためのチェックポイントについてまとめてみましょう。

たとえば、マンションによっては、1期、2期、3期と分割して売りに出す場合があります。売り出してどのくらい経っているのか？ 仮に2期の売り出しが始まったあとでも、1期分に残りがあるようなら、決して売れゆきが良くないということです。

また、売りに出したあとの賃貸状況はどうか？ といった点もチェックポイントです。

新築物件の販売が始まった後、1カ月や2カ月が経過すると、成約して実際に賃貸に出しているケースは多々あります。早い段階からチェックして、現在の賃貸状況がどうであるかをよく見ておくといいでしょう。

新築プレミアム物件のなかで、空室リスクが極めて高い「ポンコツ」と呼べるような物件は、立地の選定を間違えていなければそうはありません。いい街や場所を選んでいれば、そこまでリスクが高い物件はまずないのです。

立地や場所を含めてプレミアムなのですから、なかなか外れようがありません。そうした蓋然性の高さが安定性の源であり、誰でも始めることのできる低リスクの不動産投資であるわけです。

そんななかで、売れないプレミアム物件があるとすれば、理由は2つです。一つは根本的に何かの致命的な理由が何かある場合。もう一つは、シンプルに値段が高過ぎる、ということです。それをしっかりと見極めることが大事で、後者の場合であれば、あなたの指値でズバリ交渉していくことを試みましょう。

そして、目の前の物件に対して心配や懸念のある方は、営業マンに対してこんなふうに質問してみると良いかも知れません。

「蒸発するくらい売れているプレミアム物件なんですよ」と営業マンがすすめてきたら、「どうして僕に売ろうとしているの?」という根拠を聞いてみるのです。「別に僕にすすめてくれなくても、売れるんじゃないの?」とやや意地悪な問いかけをしてみましょう。

営業マンが必死になって売らなければならない理由があるとすれば、それが何に依拠しているのか。実は何かの売れない理由があって、たまたま話を聞いてくれる自分のところに営業に来たのかもしれない…、ひょっとしたら何かの瑕疵物件なのかもしない…などと思いを馳せてみるのも必要かもしれません。過度に疑心暗鬼になるとキリがありませんが、まずは率直な疑問として聞いてみると良いでしょう。

その結果、純粋に自分に良い物件を第一に提案してくれているだけかも知れませんし、反面、何かのマイナスポイントが実はあるのかも知れません。

もちろん、何らかの重大な瑕疵がありながら、それを告知しないということはありませんが、営業マンによっては、法的に告知義務のないことや道義的に言わなくても良いことは言わないケースもあります。相手を見て、その答えや雰囲気が腑に落ちないときは、もちろんYESと言う必要はないのです。

このような対話ができるように日頃から敬意を持って信頼関係を構築することで、お互いに胸襟を開いて対話をできる関係を構築しておくのもポイントになります。

私が「プレミアム物件」から逸脱して失敗した例

実は私も、ポンコツとまでは言えないまでも、営業マンにすすめられた物件を安易に購入してしまい、「失敗だったかな…」と後悔したことがあります。

これは新築プレミアムとは異なる東京郊外の中古の物件でしたが、「値引きもしますので、いかがですか?」と営業マンから強くすすめてもらったワンルームのマンションでした。

それまでも何度か付き合いのある営業マンでもあったので、「分かった。お付き合いで試しに買ってみましょう」と承諾したのです。

表面利回りで9〜10%あり、今も毎月6万の家賃は入ってきていて、営業マンの言った通りのキャッシュフローは得られており、契約満了時も家賃据え置きで更新をいただき、長期間住んでもらっているから文句はありません。

ただ、私の考えで「失敗」と言えるのは、思った通り「出口」つまりは売却の機会がなかなか見つからないということでした。最後に、本件の営業マンの名誉のために書きますが、売却期間と採算に対する私の基準が厳しいことが本件を「失敗」と位置付けているに過ぎない、ということにも触れておきたいと思います。

私の反省として、売却判断後に早期現金化を条件とするのであれば、商談自体が破談するリスクを取ってでも厳しい交渉をすべきであった、ということになります。

本件は、700万円で買った物件でしたが、売ろうとしてもすでに700万円の価格はつかず、500万円が限界という相場観でした（もちろん、タイミングの良し悪しもあるのですが）。ということは、「700万の価格で10%の利回りなら悪くない」のではなく、売却想定断面の500万円になることを見越して、「利回り14%」の条件で買っておくべきだったのです。

これが、都心部プレミアムでなく、郊外の中古物件を買ったときに資産価値が下がってしまうことのリスクです。

「郊外」という言葉から連想されるのが、小学生の社会科の授業で習う「ドーナツ化現象」です。

これは、地価の高騰などで都市住民が郊外へと移動した結果、都心の夜間の居住人口が減少し、都市郊外の人口が増大すること。その結果、都心部の居住コミュニティが空洞化し、人口動態がドーナツ状に郊外化する現象を言います。

けれども、景気の波のサイクルや、人口の流入や景気動向によって、街は常に変化を繰り返していきます。たとえば新駅ができる、大企業や大学が移転するというダイナミックな動きで、街は大きく変わっていくわけです。そのなかで普遍的に変わらないのは、やはり都市機能や文化施設の中心部の周辺では、つねに人口の新陳代謝が進んでいく、ということです。

つまりドーナツ化という現象に反して、価値の高い不動産物件を見つけるなら、エリアはドーナツの内側の場所であり、真ん中を取るべき、ということが言いたいのです。

ドーナツは、真ん中の空間の周りがいちばん美味しい。だから、動的人口の層をターゲットにするワンルームマンションの場合、ドーナツの外側からではなく、真ん中の空間の側から食べていくほうがずっと美味しいわけです。私は東京23区外の郊外にあたる中古物件を買ってみて、あらためてその思いを強くすることになりました。

これからさらなる人口減少社会を迎えます。けれども人口が減っていくのは、あくまでもドーナツの外側であり、内側から減っていくのではありません。

不動産投資において、ドーナツの真ん中のエリアを見ていくのが、プレミアム・ワンルーム投資であり、従来のドーナツ化現象に左右されないものがトップワン物件であることは、大事な視点として持っておいてほしいと思います。

物件選びの際、入居者のペルソナ〈人物像〉を想像できるか？

投資用物件を購入する際の交渉段階でイメージしなければならないもの…。目の前にある物件の良し悪しはもちろんですが、それとともに、入居者のペルソナ（具体的に条件を設定した利用者像のこと）をどのように想像できるか？ということが挙げられます。

サラリーマンとして商品開発の立場であれば、顧客となるペルソナ像が具体的に挙げられるか？ということになるでしょうし、異なる立場でも顧客や上司が納得する状態がイメージできるのか？という根本的かつ基礎的な問いになるのだと思います。

そのとき、自分の感覚だけを押し付けようとするのは禁物です。たとえば、何かの買い物をするときに、自分は「これで10万って、高くないか？」と思っても、当然ながら想定する顧客が同じように感じるわけではありませんね。

また自分自身を振り返っても、たとえば学生時代とは経済観念や価値観が変わっていて、価格に対する感覚値も変化してきました。そうした自分の感覚を客観視していくことは、不動産投資の物件選びにおいても大事な要素です。

それと同じく、自分だけの固定観念に縛られず、具体的なペルソナを多彩にイメージしていくことが大切で、それが各々の物件に見合った入居者のペルソナを想像することにつながっていくわけです。

「自分はごく普通の定時帰社のサラリーマンだけど、なかには毎晩飲み会が入っているような慌ただしい人もいるな？」とか、友人の住まいや場所をイメージして、「彼は毎晩タクシー帰りで、2～3万円は会社が家賃補助してくれるから少し良いところに住めるって言っていたよな？」など…。

自分の価値観だけに縛られては、物件を評価するときの視点が画一的になってしまい、世のなかには多彩なペルソナがあることがイメージできにくくなってしまいます。それは、街や物件をとらえるときの視野を狭めてしまうことにもつながりかねないのです。

たとえば、休日になるとまるでゴーストタウンのようになってしまう街があります。典型的なところでは、2000年以前のJR東京駅の西側の〝丸の内〟あたりはそうでしょうか。

1階に旧都市銀行（今でいうメガバンク）がずらっと並ぶビジネス中心の街で、当時は午後3時にもなれば、まるで人が歩いていないゴーストタウンのようでした。ところが今では丸の内も様変わりし、街路樹も育ち、商業施設の一階部分には一流ブランドのフラッグシップとなるような路面店も多くできて、休日だって訪れる人でにぎわうようになっています。

また、JR新宿駅から西側の〝西新宿〟も同様で、かつては休日になるとほとんど人がいない街でしたが、今はそれほど極端ではなく、路面店も多くできて休日もにぎわう街に変容しつつあります。

こうした街は、単なるビジネス街ではなく、「暮らす」という観点からも魅力のある場所へと変化しました。住職近接という考え方が浸透し、都市開発にも生かされるようになってきつつあるのだと感じます。

ちなみに私は、こうしたビジネス街の休日の雰囲気が好きです。平日は喧噪なビジネス街がほどよく閑散となり、とてもゆったりと贅沢に過ごせるからです。逆に、新宿や原宿、渋谷、夜の六本木のように賑やかで華やかな雰囲気が好きな方もいますね。

極端な例を示しましたが、こうした街を好む人もいるし、そうでない人もいます。つまり、買おうとしている物件（立地）に合致するのは、どのような入居者像なのか。そのペルソナを明確にイメージできるようなら、その物件を買うことには何の問題もありません。逆にそれが不透明でおぼろげなら、もういちど物件に合致する入居者のペルソナを、できるだけ明確にしてみることをおすすめします。

いろんなペルソナを想定しながら、プレミアムと言われる物件の選定をしてほしいと思います。

物件購入後、質の高い管理会社を持つことのメリットは？

不動産会社の営業マンとの交渉がまとまり、物件の選定と購入が成立したら、言うまでもなくあなたはそのマンションのオーナーです。

これまでも書いてきたように、都心部プレミアム・ワンルーム投資法は、あなたの本業に影響を与えるような作業的な負荷が生じることはまずありません。

その理由は、購入後の物件の管理のほとんどを、管理会社が担ってくれるから。語弊のある言い方かもしれませんが、オーナーとして、あなたは基本的に高みの見物を気取っていればいい、ということなのです。

不動産投資家としては、所有する物件に空室が生じなければそれでいいわけで、オーナーが自ら現地に足を運ぶ必要はなく、入居者からの何かのリクエストやトラブル対応が生じた際には管理会社が対応してくれます。たとえあなたがオーナーとして駆け出しでも、管理会社は物件対応のプロですから、あらゆる問題に対峙できるノウハウを持っているのです。

管理会社となる不動産業者には、入居者の募集、つまり客付けも併せて行う募集・賃貸契約管理と、居室管理（集金代行、トラブル対応）という2つの機能があります（多くの場合、一体型です）。客付けも行う管理会社だと、自社の管理物件に優先して客付けをしてくれるメリットがありますが、その反面、自社の管理物件は他の賃貸会社に情報をオープンにしないこともあるため、客付けに時間がかかってしまうことがあります。

一方、居室管理を専業にする管理会社は、客付けは他の賃貸会社に依頼しますから、おのずと情報をオープンにすることになり、客付けがスムーズに進む可能性が高まります。

ただし、私、若月りくが推奨するトップワン物件は、そもそも空室リスクが圧倒的に低い人気物件であることがほとんどですから、客付けに困ることはないのが前提です。

そのため、管理会社について、客付けノウハウの優劣という点はそれほど重視する必要はないとも言えます。どのような管理会社が良いかは、実際に付き合ってみないことには分からない、とも言えますが、やはりトラブル時の対応力など、いかに質の高い居室管理をしてくれるかどうかを評価の基準にすべきだと思います。

給湯器や室外機が壊れた…といったときの対応や、駐車場の確保など、入居者からの様々なリクエストにスピード感を持って対応してくれるかどうか。そうした点のノウハウやスキルについて、事前に確認しておくと良いでしょう。

ただし、物件を購入する際には、ふつうは不動産会社に紐づく指定の管理会社がついているものです。つまり、オーナー自身で管理会社を見つける、という作業は基本的に生じません。

そして都心部のトップワン物件では多くの場合、信頼できる質の高い管理会社がセットになってついています。新築プレミアム・ワンルーム投資は、そうした点でも安心感が高い手法と言えるでしょう。

営業マンの持つ知識やノウハウをどんどん引き出そう！

この章のテーマでもある、「〝おいしい物件〟を一番先に持ってきてもらうためにはどうすれば良いか」。そのカギは不動産会社の営業マンが握っていて、彼らといかに良好な信頼関係を築けるかどうかが大事、という話をしました。

オーナーとなる自分はどんな価値観を持っていて、購入した物件には、どんな人が賃貸で住むと考えているか。どんな属性の人が、どんなライフスタイルに重きを置いて、住む環境として何を重視しているのか…。

繰り返しますが、そうした要素を自分なりに明確にしておくことが大事であり、それを自分の希望や要望に置き換えて、不動産の営業マンと少し対話をしておくことも重要ということです。


彼ら営業マンは、自分が持っている物件を売るのに必死ですし、売りたいために提案してくるわけですが、当然ながら、それがオーナー側の買いたいものと100％一致するわけではありません。不都合な真実ですが、売り手と買い手として、一定の利益相反は存在するのです。

もしも提案された物件があなたの要望に沿わないときには、「自分の希望は〇〇だから、それは合わない」『逆に、〇〇であるなら買いたい」という希望する条件を事前にアナウンスしておきましょう。もしも相手があなたと信頼関係を構築している営業マンであれば、希望に沿う物件をきっと持ってきてくれます。


営業マンだって、売らなければ自らの評価につながりません。何とか商談が成立する物件を持っていきたいと思っているわけで、それがどのような内容のものであるかをあなたが具体的に伝えることができて初めて、お互いの関係性はＷＩＮ—ＷＩＮになるわけです。

もちろん、求める内容をすべてあなた自身が考えなさい、と言っているのではなく、営業マンに希望を伝えながら、相談ベースで話をしていくスタンスで良いのです。

私がいつも不動産会社の営業マンに伝えている希望条件としては、立地環境と利回り、価格帯、新築であること。それが難しければ、築浅の12年以内であるかどうか。そして、具体的な街の希望です。「なぜ千代田区、港区、中央区がいいのか？」入居者のペルソナをイメージして、物件の像を確立し、その街を望む理由やあなたの考えを伝えましょう。それらが明確に伝えられれば、きっと営業マンの持つノウハウや知識をどんどん引き出すことができます。その結果、本当の意味でのプレミアム物件を見つけていくことにつながるのです。

不動産投資は、不動産会社からの物件紹介なしには決して成立しません。顧客と業者という関係性ではなく、大事なビジネスパートナーとして営業マンと向き合い、信頼性を高めるコミュニケーションをとることを大事にして下さい。

第7章

サラリーマンにとって、所得税と住民税の両方が取り戻せる！

インカムゲインとキャピタルゲイン、2つの儲け方

不動産投資によって得られる収益には、インカムゲインとキャピタルゲインの2つがあります。

インカムゲインとは、資産を保有することで安定的・継続的に受け取れる利益、つまりは家賃収入のこと。それに対して、キャピタルゲインは、保有している資産を売却することによって得られる一過性の利益、売買差益のことをいいます。

不動産投資の場合のインカムゲインは月々の家賃収入であり、キャピタルゲインは売却できた際に得られる売却額、残債や減価償却後の簿価との差益を指すことになります。

インカムゲインについては、基本的に都心部の新築プレミアム物件の場合、ローン返済と管理費、修繕積立金の合計額を、月々のキャッシュフローとしてトントンで賄えるとOKです。さらに、固定資産税の支払いまでを入れてプラスマイナスゼロになれば御の字。都心の超好立地の場合であれば、少しくらいのマイナスがあったとしても良しと言えます。

一方で、物件選定を都心部から郊外へと外していくなら、できるかぎりマイナスは避けたいもの。空室リスクがおのずと高まるので、プラスにして余裕を持っておくことが望ましいと言えるでしょう。

キャッシュフローがトントンなら御の字というくらい、都心部のプレミアムマンションは価格が上がっています。新築であれば土地の価格、建設費、鋼材価格等、すべての費目が高騰しており、新築

に引っ張られる形で中古物件の資産価値も大きく上昇していますから、月々のキャッシュオンキャッシュでプラスになるのはなかなか難しい状況との市場認識です。立地にもよりますが、ある程度のマイナスであれば許容して構わないのです。

「キャッシュフローがマイナスだなんて、結局損しているんじゃないの?」……そんな疑問や不安を抱く方も、心配はいりません。たとえば、こんなふうに考えてみてください。

一つは、生命保険を支払っている代わり、と解釈できるのです。

第2章ですでに紹介しましたが、たとえば毎月、積立型の生命保険料を頑張って5万円支払っているとしましょう。満期まで無事に過ごし、積立分の返戻金として500万円が下りることになりました。うれしいことですね。

もし、生命保険の代わりに、同じ金額の毎月5万円の持ち出し覚悟で、超一等地のワンルームマンションを2戸か3戸か、融資で買っていたらどうでしょうか?

うまくいけば月々の持ち出しをゼロにしながら、500万円どころか8000万〜9000万円の資産が持てることになるのです。たとえ月々のキャッシュフローがトントンでも、ローン返済の元本部分が積み立てられ、資産に置き換わっているからです。

この5万円は一方で、貯蓄としてのとらえ方もできます。元本返済の5万円が資産となり、定期預金のごとく積み立てられている状態と言えるからです。

ちなみに昨今、冒頭でも触れた「先取り貯金」というものが推奨されていますね。先取り貯金とは、給与天引きなどを利用して、必要な貯蓄分を先に別口座などに移してお金を貯めていくことですが、不動産投資は、これを強制的にやっている、とも言えるわけです。

先取り貯金は、給料の当初の額から取り除くことで、いわば自分の頭から忘れさせ、いつの間にか貯まっていくものです。

都心部ワンルームマンション投資のインカムゲインは、それと同じ。しかも、その貯金はあなたではなく、入居者である第三者が支払ってくれることで貯まっていくものなので、あなたは今までのライフスタイルを崩すことなく、何も切り詰めなくていいわけです。

おまけに不動産の賃料は株価などと比べても乱高下することはありませんから、安定的にインカムゲインが得られるのも大きなメリットです。不景気においても非常にリスクが低い投資法と言えるのです。

こうしたインカムゲインのほかに、売却時にはキャピタルゲインが得られます。たとえるなら、これが「生命保険」や「定期預金」の解約時にもらえるお金です。

良い立地を選ぶトップワン物件ですから、資産価値の下落リスクは極端に低く、10年持っていても12年でも、経済的価値がほとんど変わらず、圧倒的に減価しにくいものになります。ちなみに私が現在保有する都心の物件は、買った時期がオリンピック前だったこともありますが、そのほとんどが価格上昇しています。

いまや退職金も年々低下の一途をたどり、年金の将来不安も相まって、豊かな老後を過ごすにはそれなりの準備が欠かせません。こうした面からも、効果的にキャピタルゲインを得られる不動産投資は、将来的な不安や懸念を払拭するものになると言えるでしょう。

不動産投資は所得税と住民税の両方で得できる！

いま本書を手に取ってくださっている方がサラリーマンであるなら、あなたが毎年納めている税金額がいくらか自覚されているでしょうか。

私、若月りくも一介の会社員ですが、われわれサラリーマンはふつう、確定申告を行って自分で所得税や住民税を納めることはありません（年収2000万円を超える方や、医療費控除等をご自身で行なっている方はご経験があるかと思います）。その理由は、会社が毎月の給料から所得税や住民税を「源泉徴収」し、加えて年末に年末調整を行うことで、所得税の納税手続きは完了するからです（住民税は金額が確定したものを翌年に徴収する仕組み）。

そのため、個人事業主や会社経営者とは違って、所得税や住民税を支払った実感が乏しい方も少なくないかもしれません。けれども私たちは、意識する・しないに関わらず、必然的に課税所得に支配されるなかで、納税義務を確実に背負って日々を生きています。

課税所得とは、所得税等の課税対象となる個人所得のことです。「所得」から、基礎控除や配偶者控除などの各種所得控除の合計を引いた金額を言います。

しかも所得税は、所得が多ければ多いほど税率が高くなる累進課税ですから、収入の多い人ほど納める税金の割合（税率）は上がっていきます。課税所得に個々の税率を適用して税額を計算し、決して少なくない額を毎月いつの間にか支払っているわけです。

前置きが長くなりました。このように、いわば問答無用にサラリーマンの給与から引かれていく税金ですが、実は不動産投資によって、納める税額を下げていけることをご存知でしょうか？

あなたが毎月、給料から天引きされている税金を、不動産投資を行うことで節税することが可能なのです。

サラリーマンとしての給与に不動産投資の収益を合算する「損益通算」の仕組みによって、減価償却費などの経費分をマイナスし、所得税の節税へとつなげることができます。いわば税引き後のお金を、税引き前のお金にすることができるわけです。

つまりは不動産投資の収支を賢く赤字にして、確定申告でマイナスを合算し、税務上の課税所得を減らします。これが損益通算で、不動産投資が節税に大きくに寄与する要因となるものです。

不動産投資のキャッシュフローがトントンでも、減価償却費のマイナスと調査費（交通費、交際費等を含む）を計上することで、良い塩梅の赤字を作り、課税所得を下げることができます。

そして、課税所得が減ることで、それに紐づく住民税も当然下がることになります。この所得税、住民税という2つの節税メリットが得られるのが不動産投資の利点なのです。

このときの不動産事業による赤字は、言ってみれば不動産投資における、「良い赤字」です。

私の場合、昨年は、年収にして1700～1800万円（一過性のボーナスを含む）でしたが、通常の課税所得ベース（一般的な基礎控除を反映したもの）だと、1300～1400万円くらいの範囲でしょうか。その課税所得から300万円程度を落としていきます。つまり、不動産所得は300万円程度の赤字になっているということです。

不動産との損益通算で課税所得を300万円減らして所得税を圧縮し、約1000万円の所得になった結果、住民税は10%ですから月に約8万円（本来は10万円超）で済むことになります。年間にすれば、ざっと30万円もの節税になるわけです。

住民税の負担は、実は所得のあった翌年にボディブローのように後から効いてくる負担の大きな税金ですから、それも下がることは思いのほかメリットに感じるものです。

2021年度より、個人住民税について税制改正された内容が適用されます。正確には住民税を計算する際の元となる所得の控除などが変わるわけですが、それによって増税となる方も出てくるでしょう。結局のところ、住民税も所得が多ければ多いほど負担も大きくなります。

所得税と住民税の双方を適正な額へと下げることのできる不動産投資は、やはり大きなメリットを感じてしまうわけです。

もう一つのボーナス？ 税還付のメリット

不動産投資に関する税金についてのメリットには、ほかに確定申告時の「還付金」があります。

不動産投資を始めれば、個人であっても1年目から確定申告が必要になります。そして確定申告が赤字になったら、納め過ぎている税金を還付金として受け取ることができます。所得税の確定申告の期間は例年2月16日から3月15日で、一般的には確定申告を行った約1カ月あとに、払い過ぎた所得税・住民税の還付を受けることができるのです。

不動産所得が赤字になったとしても、実際には減価償却費や必要経費が反映されたものですから、自己資金がマイナスになっているわけではありません。つまりは、不動産投資における「良い赤字」の効果です。そして良い赤字があると、給与所得から源泉徴収された税金が納め過ぎたものになるため、還付を受けることができるのです。

仮に年間で50万円の所得税を納めている人は、還付によっておおよそ5万円から10万円が返ってきます。１００万円の所得税であれば、その倍くらいの「臨時収入」が得られ、ちょっとしたボーナス感覚でうれしいものでしょう。

私の場合、課税所得ベースの収入が１３００～１４００万円と書きましたが、不動産投資の「良い赤字」が、結果的に年間で３００万円程度あった場合、計算方法は省略しますが、最終的に

100万円くらいの還付金がありました。

あらかじめ当てにするような性質のものではありませんが、結果的に毎年3月には、100万円くらいのボーナスがもらえるような感覚になります。

確定申告の作業に手間は少しかかりますが、半日もしくは1日の事務作業で100万円のキャッシュが得られる仕事だと思えば、モチベーションも上がるように思いますが、いかがですか？

仕事の交際費の自腹がなくなる!?

実は私の場合、所有する不動産のなかには期間が長い物件もあるので、減価償却や金利負担のメリットが落ちていく側面があります。そのため、新しい物件を次々と買っていかなければ不動産所得が黒字になってしまい、節税メリットが得られなくなるデメリットがあるのです（贅沢な悩みですね（笑））。

そうした場合、節税の観点から見ると、積極的に「必要経費」を計上していき、できるだけ黒字部分を圧縮することが必要になります。

不動産投資においては、いくつかの経費を計上することが認められています。たとえば、不動産会社や管理会社の担当者との打ち合わせや、不動産市況の情報収集を行う際などに生じた調査費や交通費、関連する飲食代は交際費として計上できます。

仕事仲間や友人との会合でも、不動産関連の情報収集に役立てることで、経費計上が可能になる場合があります。楽しく会食しながら、住環境や物件、賃貸相場などを研究し、趣味と実益を兼ねた有意義な時間にすることができるわけです。

その際には、誰とどのような内容の打ち合わせをしたか、どんな情報収集を行ったのかといった内容について、議事録を残しておくと良いでしょう。後になると忘れてしまうこともありますから、飲食のあと受け取った領収証の裏などに、すぐに書いておくことをおすすめします。

こうした記録は、企業会計ではないので、領収証と議事録をセットにして残しておくということまでは基本的に必要ありません。自分でエクセルシートを作り、日付や金額、集まったメンバーの名前や話した内容などを簡潔に残しておけばＯＫでしょう。

そのほか、不動産投資の目的に沿う旅費・交通費も経費として計上できます。リサーチのための現地訪問や、交渉や契約のための不動産会社への訪問、所有する物件の状況確認のために生じる交通費などが想定されます。

公共交通機関の運賃や高速道路料金、自家用車のガソリン代や駐車場代、ホテルの宿泊費などが経費にできることが考えられますから、きちんと記録に残しておくこと。なお、電車やバスなど細かな移動の際、領収書の出ない公共交通機関については、明細を記す「旅費精算書」を作成しておくと良いでしょう。

不動産投資において、どのような経費がどの程度認められるのか…？　こうしたリアルな肌感覚は、不動産投資を始めたばかりではなかなか見当がつきにくいと思います。

交際費はどのくらいが上限？　また交通費を含めた総額はいくらくらいが適当？　こうした経費計上の実際については、物件を購入した不動産会社の担当者に相談してみても良いでしょう。ふつう、トップワン物件を扱うような質の高い不動産会社は、この領域に詳しい税理士をつけているものですから、アドバイスを受けることもおすすめします。

こうした必要経費を不動産投資において上手に計上することで、損益通算を利用した節税効果がいっそう期待できます。

合法的かつ社会通念上問題のない範囲で税金を最小化することは、投資家として自らを守るために持っておかなければならない知識・ノウハウだと思います。経費として認められるもの、認められないものをきちんと整理しながら、不当に不利にならない節税効果を得るための努力をしていきましょう。ただ、言うまでもありませんが、経費を違法に多く計上することはご法度ですので適切な処理を心がけましょう。

税理士は雇わないほうがいい？

サラリーマンであっても、不動産投資を始めれば確定申告をしなければなりません。私も、もちろん該当しますが、普段からの経費計上をはじめ、確定申告のための税務申告処理はすべて自分でやっています。

人によっては会計ソフトを使って申告書類を作成する人もいますが、私はいたってシンプルに、エクセルを使うだけで十分にやれています。

不動産投資を初めて1年目に早速、確定申告は行わなければなりませんが、まったく税務に関する知識のない方は、最初はハードルの高さを感じることがあるかもしれません。

けれども、きっとそれは食わず嫌いのようなもの。実際に一度やってみると、それほど難しいものではないことが分かると思います。

今はインターネットで簡単に手続きもできますから、過度な心配はまったくありません。日頃から経費になるものについて記録を残し、継続的に処理をしていれば、確定申告の時期にそれをまとめて集計・集約させていくだけOKなのです。

しかも、毎日帳簿をつける、データを入れておく、といった煩雑なものではなく、何かの経費計上に関する動きが生じたときに、記録を残しておくだけ。難しい仕組みを理解する必要はありませんし、単純な集計作業ですから誰でも問題なくこなせる内容です。

その意味でも、この作業のために税理士を雇ったり、外注業者に作業の依頼をしたりするのは、私はおすすめしません。シンプルに採算が合わない、と思うからです。

せっかく工夫して節税しても、税理士へのフィーでその分が飛んでしまったり、ときにマイナスになってしまったりするようでは本末転倒でしょう。経済性からも割に合わず、理にかなっていません。また税理士によっては、個人の依頼は受けないという人も少なくありませんから、無理して依頼する必要はないと言えます。

加えて私が思うのは、1年に一度の確定申告は、自分の不動産投資にとっての、いわば「棚卸し」作業だということ。自身が手掛けた物件の採算を正確に理解する機会としても、自分自身で行うことを推奨します。

本書では、作業の負荷をできるだけ軽減し、心理的な負荷を生じない不動産投資として、都心部プレミアム・ワンルーム投資をすすめてきました。その点で、確定申告に向けての作業が生じるのは、本業もあるなかで大変なのでは…と思う方がいるかもしれませんね。

けれども、それは逆なのです。慣れないのは最初だけ。作業はいったん計算シートを作ってしまえば非常に簡単なものです。最初の年は仮に週末2回がつぶれても、次の年は週末1回で済むようになり、その翌年は1日や半日で作業が終わるようになるはずです。

そして、確定申告の実務的なスキルを身に付けることは、あなたの本業にもきっと役立ちます。反復性の高い副業であるがゆえに必要不可欠な作業であり、年1回の大事なルーティンとしてぜひ身に付けてほしいと思います。サラリーマン的には頭の痛い事の中に、予算立案や経営計画書の作成が挙げられると思いますが、「自己投資の棚卸×スキルアップ×実益」と考えると悪くないと思います。

不動産投資は見通しを立てやすいビジネスですから、予算化と実績をルーティン化することで、事業計画の作成、実行、精算といった一連の流れをPDCAにして回していくこともできます。

キャッシュフローはどのくらいか？　そのなかで「良い赤字」をどのくらい作れているのか？　細かな点を丁寧に把握しながら、数字の推移を自分でつかんでおくことを心がけましょう。

賃貸不動産なら相続税評価額が6分の1に！

この見出しを見て、相続なんてまだ遥か先の話…と思った読者の方もおられるかもしれませんね。けれども、あなたの「今後」につながる大事な要素も含まれますので、こんな考え方で不動産投資をする人もいるんだ…、程度でも構いませんから、頭の片隅に残すべく読み進めてみてください。

昔、田舎のおじいちゃんやおばあちゃんが、いきなり自分の田畑にアパートを建てて、驚いたような経験はありませんか？　まだ若い世代の方々にはピンとこないかもしれませんが、不動産投資、なかでも都心のワンルームマンション投資は相続税対策にとても有効です。

実は2015年1月に行われた税制改正で、相続時の税に対する基礎控除額が、「3000万円＋（600万円×法定相続人の数）」に減額されました。改正前は「5000万円＋（1000万円×法定相続人の数）」でしたから、実質40％の減額です。

これによって、相続人が妻と子ども2人の場合、改正前は8000万円までは税金は0円だったのが、改正後は4800万円を超えると課税されることになりました。

それまでは、自宅などの不動産を持っている人でも、相続税が課されるだけの資産がある人はそれほど多くなかったのが、都内で家を持っている人のほとんどが相続税の対象となるような大幅増税となったわけです。


このことで、遺産相続の際の課税対象者は大幅に増え、一般的とも言える資産総額の方でも相続対策を考えておく必要性が高まることになりました。

その結果、相続税対策に有効な、都心部のワンルームマンション投資に対する注目も増えつつあるというわけです。

ではなぜ、都心のワンルームマンションは相続税対策に有効なのでしょうか？


ワンルームマンションにかぎらず、不動産の購入が税制面で相続対策になる理由は、不動産の「相続税評価額」にあります。同じ資産でも、現金や預貯金は金額がそのまま評価額となりますが、現金や預貯金を不動産に換えた場合には、土地であれば約8割の評価、建物であれば建築費の約5〜7割の固定資産税評価額をもとに評価されるのです。

さらに賃貸用不動産、つまりは1LDKや2LDKなどの投資用マンションにした場合には、借地権割合や借家権割合による減額措置があることから、一般的に相続における評価額が約3分の1にまで圧縮できるのです。

そして、都心のワンルームマンションの場合、1LDKや2LDKと比べて1戸あたりの土地面積持分が狭いのは当然です。評価額は購入価格の約5分の1程度になるのが普通で、さらに賃貸用の投資不動産として購入すれば、評価額は最終的に約6分の1にまで減額できるのが一般的なセオリーなのです。

たとえば、3000万円の都心部ワンルームマンションを購入して賃貸にした場合には、相続税評価額は約6分の1の約490万円。マンション購入価格のおよそ15%程度の金額にまで圧縮できるという大きなメリットが得られます（あくまでも一般例で、実際の評価額を確約するものではありません）。

また、ワンルームマンションは相続における遺産分割時に、分けやすいというメリットがあります。たとえば6000万円の2LDKを購入したとすると、現金を不動産に換えることで相続税の圧縮はできますが、いざ子ども2人に遺産相続させようとすると、共有登記や現物分割は難しく、場合によっては相続争いにも発展しかねません。

その点、同じ6000万円なら、3000万円の都心ワンルームマンション2戸を買って賃貸活用しておけば、いざ相続となっても2人の子どもに均等に遺産分割できることで〝争続〟リスクが抑えられます。

また、保有する投資用マンションの評価額で節税でき、賃貸による安定的な収入、または売却収入が得られるマンションを子どもに残すこともできます。

まだまだ相続は先のこと…というとらえ方の人は多いかもしれませんが、たとえば親に相続対策としての不動産投資をすすめても良いでしょう。自分と家族のライフプランを考えても、都心部プレミアム・ワンルーム投資には確かなメリットがあることを分かっていただければと思います。

第8章

若月りくからのメッセージ「名刺の価値を知れば人生が豊かになる」

会社や組織の名刺はあなた自身を表す最強の武器

これまでの章のなかで、銀行融資のバンカビリティ（融資可能額）を高める「名刺の力」を利用して、経済的余裕と時間的余裕を手にするための「都心部プレミアム・ワンルーム投資」について様々な角度から説明してきました。

会社や組織の仕事や肩書だけに縛られず、自分本来のアイデンティティを確立し、新たな人生の糧を見つけて成長していくきっかけにしてほしいとの願いで、この投資法を紹介してきたつもりです。

本章ではあらためて、私、若月りくから読者のみなさんへのメッセージとして、このプレミアム・ワンルーム投資法の価値についてお話ししたいと思います。

私自身もそうであるように、サラリーマンという立場は、「自分の時間」が非常に限られているものです。家庭を持ち、子どもがいるならなおさらで、自分で自由にできる時間なんてほぼ無いといってもいいほどです。

だからこそ、時間リソースはすごく大事。いわゆる副業というものを考えたときにも、「いかに時間をかけず、最大限に効率良く収益が挙げられるか」という点が最も重要なテーマとなるわけです。

加えて、サラリーマンとしての「本業」があるわけですから、リスクの高い投資やビジネスは避けたいもの。安定かつ安全性の高い収益によって経済的余裕を得たい、というのは自然な思考だと思います。

…そんな都合の良い副業ビジネスなんてあるの？　多くの人が抱くに違いない、そうした疑問への答えになるのが、「都心部プレミアム・ワンルーム投資」なのです。

繰り返しますが、あなた自身の「名刺の力」を利用して、経済的余裕と時間的余裕を両立して手にできるのが、「都心部プレミアム・ワンルーム投資」。ほんの少しの努力によって、その願いが叶う副業として、この不動産投資の手法があるわけです。

多くの方は、今の名刺を持つために、学生時代からいくつかの受験を経験し、プレッシャーのかかる就職試験を通過して来られたものと思います。もちろん、名刺に記された地位や立場、いわゆる肩書があなたのすべてを表しているものではありません。けれどもその名刺を持たせてもらえるだけの価値を、今のあなたが有しているのもまた、確かなことなのです。

名刺はあなた自身の努力の産物であり、それを活用する不動産投資術は、頑張ってきた過去を肯定し、あなた自身の力で未来を切り拓くことを意味します。同時に、歩んできた人生を糧にして、豊かな未来を創っていくことができるわけです。

名刺とは肩書を示すものではありますが、同時にあなたの実像であり能力を示すものです。そして社会の第三者が見たら、あなた自身が知っている力よりも、はるかに大きな意味を持つことがあるのです。使い方次第で、より大きな価値を生み出すものですから、自信を持って活用してほしいと思います。

等身大のあなたの価値を表す名刺を使って、これからの人生に新たな幸せを創り出し、未来に喜びや安心感を生み出してほしい。そのことを今一度認識した上で、「都心部プレミアム・ワンルーム投資」のスタートラインに、ぜひ立ってみてください。

まずは自分への「融資可能額」を知ろう

自分の名刺は、いったいどれくらいの価値があるのか？　あくまでも不動産投資における価値ということになりますが、それを知るのは、あなたへの「融資可能額」を知ることで分かると言えます。

融資可能額とは言うまでもなく、不動産投資についてどれくらいのローンが組めるのか、いくらぐらい銀行がお金を貸してくれるのか？　ということです。

一概には言えませんが、不動産投資の際の融資額には、相場観のようなセオリーはありません。金融機関が収益物件取得の際の融資に協力するか否かは、物件の評価と人物の属性評価を総合的に判断して決めるからです。

ごく一般的に言えば、よく不動産投資の指南書に書いてあるように、融資可能額の目安は年収の20倍程度がＭＡＸでしょうか。確かな名刺属性の場合という前提ではありますが、５００万円の人だと1億円、１０００万円の年収だと2億円くらいが可能額ということにはなるかもしれません。

ただ、銀行に交渉して融資を自分で取り付けるというのは、先に述べたようにかなりハードルの高い上級者向けの手法です。

本書のプレミアム・ワンルーム投資はそれとは異なり、物件を扱う不動産会社と交渉し、融資は同社が提携する金融機関のローンを活用するのが王道です。そのため、金融機関との直接の融資交渉は生じないのです。

けれども、当然ながら融資の審査はあります。無事にそれをクリアし、いざ物件が購入できるとなれば、晴れてあなたもトップワン物件のオーナーとなるわけです。

複数の物件を買える客であることを知らしめる

銀行の融資を通すには、源泉徴収票や過去2～3カ月分の給与明細の提出を求められます。そして1～2週間の審査期間を経たあとで、結果が分かります。そこで最終的な物件の選定を行い、購入するかどうかを自分で最終決定し、本審査へと移行していくことになるのです。

その際には、たとえば自動車ローンを持っていたり、ほかに支払い中のローンがある場合には告知しなければなりませんし、ご自身の資産状況なども申告する必要があります。

名刺の属性として融資が通りやすいのは、公務員、上場企業の社員、医師や弁護士などの士業…ということはすでに紹介しました。そして、個人の中長期的な実績と安定性が信用の源泉として加味されるわけです。

その際の個人属性として、私がこれまでの経験から受けた印象では、妻帯者よりも独身者のほうが有利なように思います。しかも、子どもがいることは金融機関の評価上は学費等の扶養義務がコストとして算入されるので、不利に働くような印象を抱いています。

ちょっと残念な評価軸ではありますが、金融機関という特殊な存在とは言え、貸し倒れリスクを評価し、収益を追求する民間事業者なので致し方ないですね。……少子高齢化が真に課題だと思うのであれば、金融庁等の監督官庁が制度上のサポートをする等があっても良いような気がします（本書の趣旨とはズレますが）。

昭和のモデルでは一般的だった——今は少数派になっているのかも知れませんが、たとえば子供2人の標準世帯。子供たちは、大学に行かせて、奥さんは専業主婦……と聞いたとき、旦那さんにはある程度の収入があり、生活も安定している裕福な家庭、というイメージを持つのではないでしょうか。この先も安泰で、社会的信用度も高い、といった印象だと思います。

けれども、銀行の融資判断というのは必ずしもそうではないということ。もちろんすべての銀行や担当者が当てはまるとは言いませんが、定性的な社会的評価よりも、融資の基準となるのはあくまでも家計のキャッシュフローという定量的な観点なのです。

というのも、私が不動産投資を始めて数件目の物件購入の際に、そうした理由で融資が下りなかった経験があるのです。

銀行の仮審査が通って肩の荷を下ろしていたところ、本審査の最終段階で、突然の「融資ＮＯ！」の返事。夜の10時にもかかわらず、銀行の担当営業マンが上司の課長職と共に血相を変えて「すみません！」と詫びに来たことをよく覚えています。

彼らからの説明はまったく釈然とするものではなかったのですが、手元に置いてある資料を見ると、子供たちが27歳まで扶養されているということになっていて愕然としました。

銀行の立場からすれば、それも当然なのかも知れません。融資に際し、最悪のパターンまでを見据えた試算で稟議にかけることは、必要なリスクマネジメントです。状況をシビアに見て、リスク排除を第一義にとらえる銀行の考え方に触れたことは、私自身良い経験になったと思っています。こうした観点からも不動産投資は、子育てよりも、結婚よりも、先行して始めておくことが有利に働くような感覚を持つに至っています。

このように、個人の属性評価や物件の評価によって、金融機関からの融資の可否は違ってきます。そして最初に融資が通ったら、その不動産会社の提携ローンによって、今後、何件程度の取得が可能か事前に確認しておきましょう。複数購入したいという意思を示すことは、リピーターになり得る優良顧客であるとアピールすることにつながりますから、失敗するような持ち方を推奨されなくなります。

自分は複数の物件を買える客であることを知らしめることに意義があり、その後の交渉において、営業マンに対するアドバンテージになっていきます。1戸だけ買って終わる、のではなく、2戸、3戸と買っていくことができるかどうか。それを目の前にいる営業マンに知ってもらう、ということも大事なのです。

一方で、もしも融資が通らなかったら。または複数物件が買えるほどの融資枠が得られなかったら……。それは、今は購入のタイミングではないことを教えてくれているととらえましょう。決して安易にあきらめる必要はありませんし、交渉によっては、「頭金が200万あればおそらく通ります」といった情報を、不動産会社の営業マンがくれるかもしれません。そうであるなら、まずはその200万円を作る、または貯めるために頑張ることです。

人間は目的があると行動が加速します。融資が通るかどうかはトライしてみないことには分かりませんが、まずはあなた自身の名刺の力を信じてみてください。その上で、自分の「融資枠」を知ることは、不動産投資を始めるときの、極めて大事な要素の一つと言えるでしょう。

一介のサラリーマンが教える、60歳で資産2000万円を残す方法

サラリーマンとしての仕事を大事にしながら、一方で人生に新たな価値を創り出し、未来への安心感を手にしたいと考える方はきっと多いはずです。

超高齢化社会の到来が叫ばれて久しい昨今、令和に入って日本の65歳以上の人口は3558万人となり、総人口に占める割合は28・1％になったと報告されました。（内閣府「令和元年版高齢社会白書」）

それに伴って、いわゆる「老後不安」の意識が、国民のなかでいっそう顕著になりつつあることも確かとなっています。

セコム株式会社が2019年に実施した「老後の不安に関する意識調査」（プレスリリース）によると、20代以上男女の実に約9割が「老後の不安を感じる」と回答したそうです。そして、老後不安の一番の理由として、「病気・ケガ」と「経済的な負担」が拮抗する結果となりました。

つまり国民のほとんどが、病気やケガのリスクが高まる老後の生活に対して、同じレベルで経済的な心配をしているということなのです。

たとえば、今あなたが40歳だと仮定しましょう。そして20年後の60歳の時点で、老後に備える資金・資産として、2000万円を残せる確かな見込みがあるでしょうか？

ちなみに厚生労働省・中央労働委員会「賃金事情等総合調査（令和元年）」によると、いわゆる大企業の男性社員の平均退職金の額は2289万5000円。確かに多くの人が知っているような大企

業に勤めていれば相応の退職金がありますが、それでも90年代は3000万円が相場と言われていたことを考えれば、その額は大手と言えども年々減っていることは事実です。加えてこの先20～30年、今と同じような水準が保てる保証はまったくないわけです。

では、将来的な約束事に過ぎない退職金などあてにせず、自分の手元で積み上げていける確かな資金を作るために、せっせと貯金をするとしましょうか。

定年までの残り20年で2000万円を貯めるということは、年間100万円を貯めていくということです。さらに逆算すると、月に8万円を確実に貯めていかなければなりません。

私も一介の会社員ですから分かりますが、これを年収700万円のサラリーマンの方がやろうとすると、かなりハードルが高いのは確かです。年齢と経験を重ねて年収が増えたとしても、妻と子供の家族を抱えるなかでは、とてもではないですが現実味のある話だとは思えません。

そこで、都心部プレミアム・ワンルーム投資です。2000万円クラスの新築ワンルームマンションを1戸買っておくとどうでしょうか？

これまで述べてきたように、月々8万円の家賃収入でキャッシュフローがトントンもしくは「良い赤字」程度なら、元本返済分の4万円は毎月積み立てをしているのと同じです。

加えて好採算の物件だとキャッシュオンキャッシュでプラスになり、同時に元本返済部分も自動的に貯まっていくわけですから言うことありません。

その後、同程度の物件を隔年で購入しながら10年から15年も持っておけば、おそらく資産2000万円なんてラクに到達することができます。

苦しい節約に励んだり、生活を切り詰めて貯蓄に回すことなど必要なく、ライフスタイルを維持しながら60代を迎え、その後のセカンドライフを家族みんなで楽しむことができるのです。

2件3件買っていくと、自分の勝ちパターンが見えて来る

不動産投資を始める目的は人それぞれで、手法やセオリーも様々です。そのなかで、私、若月りくが推奨する手法が「都心部プレミアム・ワンルーム投資」であり、同時に私にとっての不動産投資の勝ちパターンでもあるわけです。

とは言え、最初から都心の優良地をターゲットにしたわけではなく、最初は減価償却を重視する意味でも、墨田区や川崎市の物件から購入していったことはすでに説明しました。考え方によってはそうした郊外物件をずっと買い続けていくのもいいでしょうし、私のように途中から、資産価値の高い都心の物件にシフトしていくのも一つのパターンでしょう。

投資用不動産の購入は、複数回続けると地点選定や採算、リスクの考え方が自然と身についていくものです。実行、実績を積上げる事で自分なりの、ものさしが出来てくる事に起因するのだと思います。

成功を収める再現性が高いと思われるパターンを意識しながら、反省点は次に生かす発想で、一喜

一憂せず淡々と継続していくと良いと思います。そうやって経験値を高めていくことで、自然と自分の勝ちパターンが確立できるようになるのです。

逆に、失敗事例も共有しますが、私の場合、不動産投資は堅調に続けていきながらも、一方で自宅を買う際には苦労しました。

購入を考えた自宅物件は都心3区内（千代田区、港区、中央区）で、価格条件の良い優良物件だったことから買うことを決め、不動産会社に申し込みを入れました。

ところがちょうど前出の豊洲に2件の新築の投資用ワンルームを買った直後のタイミングでした。そこに加え、自宅用として約5000万円のローンを組むという状況だったために、不動産業者の提携ローンを使っても審査に落とされてしまったわけです。

提携ローンを利用する目論見が外れたため、購入資金を何とかしたいと考えた私は、他の金融機関に自らアポ取りを行い、いくつかの銀行から面談の約束をもらって交渉に当たったのです。

そして結局、東海エリアを地場とするS銀行から、住宅ローンで金利3％弱という高い利率で融資を受けることができました。

ちなみに私は、そのS銀行と1年の取引を継続したあと、「実績も作ったので、そろそろ金利を下げほしい」という交渉をしました。けれどもS銀行側は、頑として下げませんでした。そして最終的に、他に融資をしてくれる銀行が見つかり、金利は一気に1％以下まで下がったのです。

3％弱から1％以下に下がったのには驚きましたが、このように銀行次第で融資評価の基準は大きく異なり、一つの銀行の結果で決めつけるのは禁物ということが言えます。

一般論ですが、残債1000万円、金利の下がり幅1％が借換（リファイナンス）の成否を分ける基準の様です。覚えておくと便利だと思います。

ただ、他の金融機関での借換を考えるときは、再び与信審査を受けることになりますから、そこで自分の属性が変わっていたりするとマイナスポイントになってしまう場合もあります。こうした点も気をつけておく必要があるかもしれません。

そして、もしもご自身で銀行に融資交渉を行うような局面があれば、いわゆる「飛び込み」で知らない金融機関に出向くのは、少し成功確率が下がります。それでも数打って確率を高めていくアプローチもあり得るとは思いますし、私自身もやってみて肌感覚は持てました。

現実的には、給与振込や定期積立といった従来からの付き合いのある金融機関にまずは掛け合うべきです。クレジットカードの引き落とし口座にしているなど、何らかのコネクションのあるところから優先的に当たってみると良いでしょう。

都市部に支店を有する第二地銀あたりがやはり狙い目だと言えるでしょう。こうした地銀の担当者と日頃からのコネクションを作っておくことも、不動産投資における必要なアクションの一つと言えそうです。

私の勝ちパターンは、優良立地に拘る、多少の取得価格・融資条件には譲歩してでも取得を最優先にする。賃貸条件（賃料や管理・修繕に関するコスト等）や資金調達（融資条件や自己資金の比率）等の後から改善できる部分は、必要に応じて改善していく、というスタンスでしょうか。みなさんも自分なりの勝ちパターンを確立する様に努めて下さい。

不動産投資の成功確率は「アドバイザー」が9割

不動産投資で成功するためには、物件に関する情報を自ら得ていく意識を持ちながら、ある程度の勉強を重ねていくことは必要でしょう。ただ、日々の仕事が忙しいサラリーマンの場合は特に、自分で不動産投資について勉強するといっても、なかなか時間が作れないものです。

だからこそ、1人ですべてを抱え込んでしまうのは禁物。やはり「餅は餅屋」と言うべきで、信頼できるアドバイザーが持つ専門的な知見や、中長期的な視点によるアドバイスは欠かせないものになります。

このときのあなたにとってのアドバイザーは、不動産会社の営業マンということになります。そして大切なのは、繰り返しになりますが、営業マンを単なる「業者」と思わず、ビジネスパートナーであり、信頼できるアドバイザーという位置づけで尊重することに尽きます。物件の購入に際して、場所や立地、価格について決めていくときに、担当の営業マンはあなたの交渉相手になりますが、一方で最も頼りになるアドバイザーでもあるわけです。

1対1での信頼関係を構築して味方として引き入れて、プロの立場からの有益な情報を吸収していくことをおすすめしたいと思います。

さらに、担当の営業マン以外にも、不動産投資に関するアドバイスをもらえる機会はいくつもあります。

たとえば、各種の不動産投資セミナーに出かけ、臨席する税理士や司法書士等のアドバイザーに相談しても良いと思います。勉強する時間がなければ外部の力を借りて、投資セミナーや勉強会などのイベントに出かけ、専門スキルを持つ人から学びを得るようにするのです。

私もこれまで、取引する不動産会社が主宰するオーナー向けのセミナーに参加したことがありますし、不動産会社によっては、マンション経営を始めたオーナーに専属のプランナーやアドバイザーを紹介してくれるところもあります。

こうした環境を上手に活用しながら、ネット情報や専門書などを読みあさるのみの自己流の学びだけでなく、不動産アドバイザーからの生きた情報や知見を吸収するよう努めることです。

ただ、私のこれまでの経験のなかで、不動産投資に関するノウハウや知識を最も高めることができたトレーニングは、やはり営業マンとのリアルな交渉の場面ということができます。

営業マンは自らの成果を目指して様々な情報を与えてくれるとともに、こちらの質問にも真摯に答えてくれます。商談は彼らにとって常に真剣勝負の場ですから、得られる情報も鮮度の高い貴重なものが多いのです。

どのような物件を提案してくれるのかを含め、不動産投資の成否のカギのほとんどは、彼ら営業マンが握っていると言ってもいいほどです。そうしたリアルな交渉や商談という真剣勝負の場で、自身の物件選びのスキルを高めていきましょう。

ライスワーク名刺&ライクワーク名刺&ライフワーク名刺

「副業でセミナーを主宰して稼いでいることが会社にバレちゃって、大変なことになったよ!」以前、社外活動用の名刺を会社で落としたことで、人事部からひどく叱られた知人がいました。

彼は、気の毒にもその後、地方への異動を命じられることになりましたが、このように10年前までは多くの大企業では、セミナーや講演・イベントなどを社外で行い、収入を得ること自体がご法度でした。

そもそも会社以外の「肩書き」を持ってはいけなかったのですが、ご存知のように、この数年の間に「働き方の価値観」は急激に変化しました。社内の人件費負担を下げる目的（給料据え置き、減額またはリストラ代替）や社員の能力開発の目的（前向きな組織活性化）で「副業解禁」をする企業が増え始めたのです。

「社外での自発的なビジネス体験が、本業にも有益な人脈やノウハウの蓄積になる」と解釈し、副業を許可する会社が増加。政府も「副業解禁」の奨励を始めました。その結果、多くの上場企業が副業を容認する流れができつつあり、働き方の価値観は大きく変わっていったのです。

これは、数十年前には考えられなかったことです。

「会社の仕事以外してはいけない」という規制や壁が壊れ、人々が社外で「得意」や「好き」な仕事を選び、充実感、幸福感、達成感を得る時代へと急転換を遂げていると言えます。

この流れが加速することで、私はいずれ、日本人は3枚の名刺を持つ様になると期待も込めて、予測しています。

1枚目は「ライスワーク名刺」です。

今まで通りの「本業の会社の名刺」で、ときには心を殺してでも稼ぐ、ごはんを食べるための名刺です。

その名刺には会社名が書いてあり、肩書きが書いてあるので他人の役割期待が主語です。

2枚目が「ライクワーク名刺」です。

そのときの気分や嗜好に合わせて、「好きなこと」に従事する仕事の名刺です。

仲間と一緒に音楽をするバンド名の入ったアーティスト名刺や、土日だけ友だちのサロンを借りて営業しているネイリスト名刺。アフター5に3時間だけ近所のレストランで働くときの野菜ソムリエ刺となります。

名刺などなど……。

趣味の延長線上にあり、お金を稼ぐというよりも、「好きなことをお金に変える名刺」のことです。

「ライクワーク名刺」は自分の趣味や遊び、ワクワクすることが書いてあるので、自分が主語の名刺となります。

3枚目は、「ライフワーク名刺」です。

「自分が生涯をかけて成し遂げたいことが書かれている名刺」のことですが、ほとんどの人がこの名刺を持っていません。

なかには、社会活動家という「ライフワーク名刺」を持っている方がいて、カンボジアに学校を作ったり、アフリカに靴を送ったりしています。また、子どもにお金との付き合い方を教えたり、スポーツ指導に尽力したりしている方もおられます。「ライフワーク名刺」には自分の根源的な価値観に近い部分になり、使命が主語の名刺と言っても過言ではないように感じます。

ちなみにビル・ゲイツや、スティーブ・ジョブズは晩年、自分の給料を1ドルとし、ワンダラーマンとなりました。会社から月1ドルしかもらわなくても、所有している株式資産で生涯賃金を稼ぎつつ、人生の時間の使い方に価値を見出しているのです。

サラリーマンやOLの多くは、転職を含めても生涯会社に縛られています。

それを、都心部プレミアム・ワンルーム投資という「レバレッジ名刺術」によって、あなたはライスワーク名刺だけでなく、さらに新しい世界の名刺を持つことができるのです。

悲しいことに、一般的にサラリーマンやOLは、会社や組織を支える歯車的な立ち位置で人生を送ることが少なくありませんが、レバレッジ名刺術によって、今まで見たことがないまったく新しい世界に行き、その住民たちと知り合うことができます。

そこで、従来の時間とお金の縛りからちょっとした余裕ができて、新しい夢を叶える一歩につながるのです。

最初は会社のために時間を使っていたのが、自分のために時間を使えるようになり、最後は世のなかのためにお金を使えるようになるわけです。


あなたは、どんな名刺を持ちたいですか?

もちろん、不動産投資を始めるために一番重要な名刺は「ライスワーク名刺」ですが、「ライクワーク名刺」も「ライフワーク名刺」も、長年コツコツと活動し、地道に収益を得る実績が伴えば、それはまさに「三本の矢」となり、人生をより豊かに過ごすために、大いに役に立つことになると思います。

不動産投資によって拓けた、新たな自己実現の扉

これまでの「ライスワーク名刺」を活用して、経済的余裕と時間的余裕を得ることができれば、次の「ライクワーク名刺」や「ライフワーク名刺」が創造する新たな世界観が、きっとあなたの目の前には広がっていくことになるのだと思います。

それが、本当の意味であなたの人生を豊かにすることにつながると、私は考えます。これまでになかった経済的な余裕と時間的な余裕。それを具現化する3つの名刺を持つことが、達成感や充足感を持つことにつながっていくと思うのです。

学校を出て就職し、ライスワークとしての仕事を得て基礎的な生存欲求が満たされると、次には自己承認欲求が芽生えていき、自分の好きなことをやりたいという意欲が出てきます。それがライクワークとなり、やがては自分の人生のなかで、他者のために生きていこうという自己実現欲求へとつながっていきます。つまりはライフワークです。

それが、家族という他者に向かうのか、社会という外の世界に向かうのか。いずれのベクトルであっても、自分の人生をつかさどっていくライフワークになるわけです。

そうした自己実現を叶えていくために必要なのが、人生における時間的余裕であり、経済的余裕です。そして、その2つをあなたに与えてくれる一歩となるのが、これまで紹介してきた都心部プレミ

アム・ワンルーム投資術なのです。

そこで得た時間とお金で、自分の好きな人生を送り、ライクワークを膨らませ、より豊かなライフワークにつなげてほしい。1人でも多くの人にそれを実現してほしいと考えたのが、本書を執筆した一番の理由です。

余談になりますが、私はサラリーマンで不動産投資をしながら、ずっと続けていることがあります。社会人になってからの15年超、就職活動を行う学生たちを支援しているのです。

就活を前にした学生たちに講演やキャリア指導を行うもので、私自身、会社を離れても一人の独立した人間でありたいと考えて始めた、学生の就職支援のボランティア活動です。

100人超の学生の前で、「企業とは?」「働くこととは?」「夢とは?」などをテーマに講演形式で話したり、学生の「なりたい自分」を応援するために、就職活動の方法から、理想の会社に入る方法、キャリア全般のアドバイスなども手弁当で行ったりしています。

こうした活動はまさに、まだ名刺こそ作ってはいませんが、私にとっての「ライクワーク」であり、「ライフワーク」なのです。

会社員としての本業に全力を傾けながら、不動産投資という負荷のかからないもう一つのアイデンティティがあるからこそ、安心して取り組める「ワーク」だと感じています。

こうした新たな生きがいややりがいも、不動産投資によって自身に経済的、時間的余裕ができたからこそ、より積極的に考えられるようになったことです。

自分の人生にとって普遍的な価値のある「ライフワーク」が見つかることも、不動産投資によって得られた一つの自己実現の形であると、今は強く実感しています。

サラリーマンの永遠の夢〜会社を辞めずに自由にお金を稼ぎたい〜

最後になりましたが、私自身のことについてもう少しお話しをさせていただきます。

私は1980年頃、四国の片田舎で生まれました。小さい頃は、やんちゃでひょうきん、お調子者で、小学校のときは担任の先生から最前列に座るように言われ、常にマークされるようなタイプの子どもでした。

その後、四国の高校を卒業し、地方の国立大学を卒業。大学院も出て、その後、一部上場企業で20年近く勤めています。

私が学生時代から常に思ってきたことは、「経済的にも精神的にも自由でありたい」ということでした。

特に私が勤めるような多くの上場企業では、個人のスタンドプレーで大きな利益を生み出すことよりも、その経験則を体系化し、組織として使えるように仕組み化することに価値が置かれます。

組織が大きければ大きいほど、個人の実力や実績の評価がフラット化し、私はその部分に大きな違和感を覚えていました。

だからこそ、自らの主体性を確立したいと思い、主体的に取り組める不動産投資を選択し、ちょっとした経済的、時間的な余裕や自由を手にして人生を送りたいと考えたのです。

いま私が講演活動などで学生によく言うのは、「会社の名前で人はあなたを信用してくれる」ということです。

たとえば、ライブドアという会社をご存知の方も多いでしょう。同社は、2000年前後は未だ新進気鋭のベンチャー企業でした。それが、ホリエモンという時代の寵児が活躍し、ニッポン放送の買収構想によって一躍、日本中に名前が知れ渡ることになりました。

そうなる前、私の友人のBくんがライブドアで働いていて、付き合っていた彼女と結婚することになりました。Bくんは彼女の実家を訪問し、お義父さんにライブドアの名刺を渡しました。

すると、彼女のお父さんはこう言ったのです。

「玄関か何かのドアを売っている会社ですか?」

このように、いくら知る人ぞ知る良い会社でも、歴史、実績、知名度が低い場合は、その信頼性、将来性をいちいち説明しなければならないものです。

同じように、私の地元の友人Cくんは四国電力に就職し、彼女のお義父さんに会いに行ったとき、名刺を出しただけで、向こうから先に頭を下げられたそうです。「娘をよろしくお願いします」と。つまり名刺は、良くも悪くも、その名刺を持っている人の信用そのものなのです。

当時の田舎の雰囲気は、こんなもんだったような気がしますし、今も変わらない部分もあるようにも感じます。

実は、私は大学院時代から、この名刺の信用価値について、ぼんやりと気づいていました。ですから、就職浪人をしてまでも、上場企業に就職というポジションを狙いにいったのです。

「レバレッジ名刺術」は、今後ＡＩ化によって多くの仕事が消滅すると言われる時代のなかで、あなたを経済的に自由にし、そして夢を叶えてくれる優良な投資手法であり、考え方の一つだと思っています。

そして、自分の名刺の価値に気が付いたあなたは一刻も早く、不動産投資をスタートしてください。

人生の時間は限られています。

特に人生の半分以上を会社に捧げるサラリーマンにとって、時間はもっとも貴重な財産です。

未来の時間は、いま決断することによって新たに創られていきます。今ここからの行動が、あなたの未来を変えるのです。

あなたの名刺を、もう一度見つめてみてください。この1枚の名刺は、あなたの人生にレバレッジをかける魔法の杖です。

ぜひ、この魔法の杖を振りかざすことで、一緒に新しい冒険に旅立ちましょう。新しい挑戦の先には見たこともないプレミアムな人生が待っています。読者のみなさんが後悔のない人生を歩んでいただけたら、著者としては本当に嬉しく思います。

お互いに3枚ずつの名刺を交換して、実際にお会いできるのを楽しみにしていますね。

おわりに

本書を手に取って頂き、また、最後までお読みいただきまして、誠に有難う御座います。

私にとっては初めての著作ですので、表現の分かりにくいところもあったかと思いますが、私なりに精一杯、戦略的な不動産投資に考え方をお伝えできたと思っています。また、不動産投資本のみならず、サラリーマン、士業者のような組織人にとってのキャリアの一助になる様に努めた結果、２つのテーマに分かれてしまって、読み辛さもあったように感じております。少しでも、みなさまの名刺（自分の顔、生き方）やキャリアに対する新しい着眼点、発想を得る一助になっている事を願っております。

本書では、ノウハウや私、若月りくの体験を中心に語って参りましたが、おわりに読者のみなさまとの接点、そして、みなさま自身を顧みる瞬間を持ってみたいと思っております。不動産投資未経験の方も、既にワンルームや一棟ものを持っている方もいらっしゃるものと想像しますが、組織人である事、既にビジネスオーナーや投資家の側面の比率を高めつつある方、色々な段階の方がいらっしゃるのだと想像しております。それぞれの現場では、日々、ビジネスモデルの仕組化、その再現性を高める事に注力しながら、本業に邁進しつつも、このままの自分で良いのかな？と疑問を持つ事もあるのではないでしょうか？

今、この瞬間の我々（みなさまや若月りく）を形作るものって、一体全体、何なのでしょうか？共通する答えには、意外と『近道』なんてなくて『地道』に歩み、それでいて時に『逃げ道』を塞ぎ立ち向かってみたり、限界に近い部分で『抜け道』で少し休憩したり、方向性を見直したりして、現時点に到達したのではないでしょうか？　本書でも、シンプルに答えや本質に近い方法論やノウハウをお伝えしたい意向は強くあったのですが、そんな『近道』よりも、実は『地道』な考え方、行動、習慣の中に『逃げ道』や『抜け道』があって、結果的に失敗確率が下がって、成功という位置づけにしても違和感ないのかな？という状態に近づいた様な感覚を持っていただけたのではないでしょうか？　本書が、そんなみなさまの経済的余裕や時間的余裕を創出する一助になり、それぞれの『道しるべ』の参考になったのであれば望外の極みです。

技術革新が目まぐるしく、同時に価値観の変遷も激しい昨今、不確実の高い状態（ＶＵＣＡ（※））は継続していくものと想定されます。本書で書かれたものも、普遍的で時の淘汰を経た内容、その表現を使う様に努めましたが、順次、アップデートは必要だと感じていますし、読者のみなさまと新しい答えや考え方を探す旅に出てみたいと思っております。是非、本書との出会いをきっかけに以降のＵＲＬから若月りくと、そして同じ読者のみなさまと繋がって、結果的に、参加した全員の人生がより豊かになっていける様な場を設定できればと思っております。

そこには、きっと新しい名刺やその価値に辿り着く道が待っているのかも知れませんね！

本書を手に取って頂き、最後の最後まで、この『寄り道』を楽しんで頂き本当に有難う御座いました。

※ビジネス用語。Ｖｏｌａｔｉｌｉｔｙ（変動性）、Ｕｎｃｅｒｔａｉｎｔｙ（不確実性）、Ｃｏｍｐｌｅｘｉｔｙ（複雑性）、Ａｍｂｉｇｕｉｔｙ（曖昧性）の頭文字を並べたもの。元来、軍事用語として使われていた表現がビジネス界隈に伝播したと言われている。

最後の最後に、本書を執筆するにあたって多くの方々の協力をいただきました。この場を借りて御礼を述べたいと思います。

私に出版という選択肢、機会を提供し、ご指導下さった天才工房／吉田浩さん、その仲間で著者の潮凪洋介さん。お名前は差し控えますが、いつもお世話になっている不動産業界の得意先の皆様、出版に際し声援をくれる同じ目線の兼業・専業サラリーマンの友人たち（一部の方には事前レビュー、コメントを頂きました）。出版に際してお世話になった、ぱる出版並びに関係者の皆様、執筆協力いただいた栗栖さん……おかげさまで無事に本が完成しました。

https://twitter.com/rikuwakatsuki

https://note.com/riku_wakatsuki/

参考図書、文献

ミナサン、老後2000万円ハ色々ナトコロデ耳ニシタ事ガアルト思イマス。50ページ弱デ、サラット読メルト思イマスノデ、前提トナル考エ方ト自分ノライフスタイルトノ乖離ヲ見比ベテミテ、ゴ自身ノゴールイメージヲ持ツ一助トスレバ良イト思イマス。

①金融庁 金融審議会 市場ワーキング・グループ報告書「高齢社会ニオケル資産形成・管理」令和元年6月3日
https://www.fsa.go.jp/singi/singi_kinyu/tosin/20190603/01.pdf

アクマデ一次データガ公開サレテイル事実ヤソノイメージヲオ伝エスルタメノ事例トシテゴ認識下サイ。国勢調査ハ5年ニ一度ノ実施ニナルノデ超長期ノマクロ分析ニハ適シテイマスガ、トップワン物件ノエリア開発ニハ基礎自治体ガ定期的（毎月等）ニ公開シテイルサイトヲ見ル事ヲオ勧メシマス。

②総務省 令和2年国勢調査　調査ノ結果
https://www.stat.go.jp/data/kokusei/2020/kekka.html

フランスノ経済学者ノ書籍デスガ、専門性ノ高イ学術系ノ書籍トシテハ異例ノ売レ筋商品ノヨウデス。200年以上ノ資産ヤ所得ノ統計データヲ元ニ分析シタ非常ニ信頼性高イモノデ、ノーベル経済学賞受賞者ノポール・クルーグマンモ絶賛。

③トマ・ピケティ「21世紀ノ資本」

平均年収、平均年齢、平均勤続年数ガ公開サレテオリ参考ニナリマス。

④就活総研 年収ランキング
https://shukatsusoken.com/ranking/salary/

若月りく（わかつき・りく）
香川県高松市出身。工学修士。留学、遊学、駐在等で世界3カ国の滞在経験。一部上場企業にて、事業投資、事業計画、案件開発、資産管理等の担当経験あり。副業としてはじめた「プレミアム・ワンルームマンション投資」で成功し、現在は給与所得と合算して3000万円超の年収を獲得。ド派手、爆上げ、圧勝よりも、効果的、効率的に少し余裕を持つライフスタイルを推奨。

twitter：https://twitter.com/rikuwakatsuki
note：https://note.com/riku_wakatsuki/

会社《かいしゃ》を辞《や》めずに大富豪《だいふごう》になるプレミアムマンション投資《とうし》

2021年9月6日　初版発行

著者　若月りく
発行者　和田智明
発行所　株式会社　ぱる出版
〒160-0011　東京都新宿区若葉1-9-16
03(3353)2835－代表　03(3353)2826－FAX
03(3353)3679－編集
振替　東京　00100-3-131586
印刷・製本　中央精版印刷(株)

ISBN978-4-8272-1291-4　C0033